比巴菲特更真实的草根发家史

杜忠明 著

图书在版编目(CIP)数据

比巴菲特更真实的草根发家史 /杜忠明著.—大连：大连出版社，2011.1
ISBN 978-7-5505-0035-8

I.①比… II.①杜… III.①商业经营－通俗读物 IV.①F715-49

中国版本图书馆CIP数据核字（2010）第256850号

出 版 人:刘明辉
策划编辑:郭朝晖
责任编辑:郭朝晖
封面设计:张 金
版式设计:郭朝晖
责任校对:金 琦
责任印制:徐丽红

出版发行者:大连出版社
地址:大连市西岗区长白街12号
邮编:116011
电话:0411-87619816 83620941
传真:0411-83610391
网址:www.dlmpm.com
邮箱:cbs@dl.gov.cn
印 刷 者:大连图腾彩色印刷有限公司
经 销 者:各地新华书店

幅面尺寸:170 mm×230 mm
印 张:14.5
字 数:200千字
出版时间:2011年1月第1版
印刷时间:2011年1月第1次印刷
书 号:ISBN 978-7-5505-0035-8
定 价:32.00元

自序

人们喜欢阅读富豪的发家史，尤其是那些超级富豪的发家史，比如巴菲特、比尔·盖茨的，再比如李嘉诚、松下幸之助的，等等。人们期望从这些人的故事里获得更多的灵感，更企图复制他们的神话，希望有朝一日也成为他们中的一员。

希望越大，失望越大。很少有人从这些人的故事里获得真正的启发。

他们的故事几乎可以说比神话还神，作为芸芸众生的我辈毕竟与这些“神人”距离太遥远，远到我们只能仰视。虽然唐骏在自己的书里非常谦虚地表示“我的成功可以复制”，但是到目前为止，又有谁成功地复制了他的成功呢？那不过是吸引你买他著作的一个噱头而已。

我认为，本人写的这本书似乎更符合普通老百姓的胃口，虽然这样说有王婆卖瓜之嫌，但是这“瓜”的确很甜——这是一部比巴菲特的致富传奇更真实的草根发家史。这些草根人物就生活在我们的身边，他们和我们一样呼吸着有污染的空气，和我们一样在路边有苍蝇蚊子的大排档里大碗喝酒，甚至我们一个电话打过去，对方的声音就会从听筒的另一端传过来：你找谁？……

这些人的故事对我们而言才更有参考的价值，才具有更现实的可操作性、可复制性，才更具有亲和力、感染力。

就拿这本书中的主角之一李大玲来说吧，她不过就是一个普普通通的打工妹，踏踏实实地追随老板七年时间，默默地工作，默默地学习，把老板的生意经全都学到了手。一个偶然的机会，老板夫妇要陪孩子读书，无奈之下把自己正当旺头上的生意全部交给了这个打工妹，于是打工妹一转身的工夫就变成了老板。

偶然吗？其实不偶然。你想想看，在目前这个浮华加浮躁的年代里，有哪一个打工妹在一个公司里能够蛰伏七八年？这种耐得住寂寞的功夫，难道不是她化茧成蝶的必然吗？她常挂在嘴边的一句话是："给谁干都是给自己干。"这样的话从一个打工妹的嘴里说出来，就已经是一种别样的境界了。

本书中的另一个故事说的是一对下岗的中年夫妻。他们40多岁才开始创业，手里只有8000元钱，战战兢兢地把这仅有的积蓄扔到了深不可测的商海里，做起了销售防盗门的生意。半年过去了，防盗门只卖出去一扇，过年的时候夫妻两个兜里所有的钱划拉到一起才29元……就这样，他们咬着牙硬是挺了过来，用区区8000元钱改写了自己的后半生。

张和一家的故事也非常典型。张和一家原来居住在长春市双阳区山河镇，祖祖辈辈都是纯粹的农民。1999年，张和与同村里的两个朋友想出了一个辙，他们三个合伙承包了200亩苞米地，那一年还真赶上了一个风调雨顺的好年景。他们播种、施肥、浇水、除草、看青、收割、晾晒……秋后把粮食全卖出去了，一算账，你猜怎么着？一个人赔了3000元钱！窝不窝火？搭上了三个人一夏天的全部精力、资金、时间，本以为找到了一个发家致富的道道呢，哪承想是个大窟窿。

就这样，把手里的锄头一扔，夫妻俩领着三个孩子两眼一抹黑地跑到了大连，做起了铝合金生意。世代拿锄头的手，如今却捡起了焊枪，干得起来吗？你还别瞧不起中国的农民，如果中国的农民都像我故事里的张和一样能干，中国早妥了。张和一家人完全是从零开始，他们不仅把铝合金生意干起来了，而且干得风生水起。如今已经在大连拥有了三套住宅，两台汽车。房价这么高，就说这三套住宅吧，值多少钱？

……

好了，就此打住，再说就把这部书说完了，还是给你留下一点悬念吧。本书一共写了15个故事，里面有打工妹、有下岗大嫂、有大学生、有退伍兵、有逃婚的小伙、有转行的白领、有进城闯荡的农民……这些精彩的故事就发生在我们身边，每一个人都似曾相识，像邻家的小妹，像二舅家的大哥，或者像自己的工友、战友、同学……

临渊羡鱼，不如退而结网。我讲的故事比富豪们的故事真实多了，真的是可以复制的。感兴趣的话，你就给书里这些人打电话，复制他们的成功，也许下一部书里讲的就是你的故事了。

是为序。

杜忠明

2010年10月1日

于大连开发区书香园书城

目录

推销牙刷与推销自己

1 何春锐

70后大学漏，高考时以345分的成绩名落孙山。家乡位于辽宁省凌源市大河北乡石洞沟村的龙潭沟组，是一个只有36口人的闭塞小山村。2000年只身到大连闯荡，在网上网得现在的妻子。现在是大连鑫菱瑞机械制造有限公司董事长。

最难忘 第一次干销售就做了全公司最大的一个单子，一下得到2000元提成。

邮　箱 dllr98458084@163.com

电　话 13898458084

再造一个春秋大梦

1998年8月中旬的一天，是大学发放录取通知书的日子。

无数考生收到了大学录取通知书，为自己考上心仪的大学而鸣放鞭炮、大宴宾客。大街小巷洋溢着一种喜庆的气氛。

正所谓：月亮弯弯照九州，有人欢乐有人愁。

这样的日子对落榜生来说却是最让人心酸的时刻。

何春锐一个人闷闷不乐地来到大凌河边，两脚站在河水里，眼睛向远方凝望着，一团卷曲的乱发在夏风的吹拂中变得更加凌乱，而此时的心绪似乎比头发更乱。平日里炯炯有神的眼睛今天却显得有些呆滞，那么空洞无物，他在大凌河边踟蹰、徘徊，郁郁寡欢。

今天是他人生中最黑暗的日子——人生的梦想最终落空，他以345分的高考成绩名落孙山。

何春锐的家在凌源市一个非常偏僻的小山村。凌源市是辽宁省朝阳市下辖的一个县级市，地处辽西，大凌河就在这里发源。著名的牛河梁红山文化遗址就坐落在那里，它将中华民族文明史向前推进了1000多年；世界级旅游资源——热河古生物群化石产地的核心地域也坐落在那里，许多珍稀古生物化石被称为“惊世大发现”。然而这些旅游资源似乎对那里的经济发展没有起到太大的推动作用，那里经济依然落后，那里依然是辽西比较贫困的区域之一。何春锐的家乡就位于凌源市大河北乡石洞沟村的龙潭沟组。龙潭与虎穴常常一起被提起，本应是藏龙卧虎之地，想不到经济却非常落后。整个龙潭沟只有36口人，山上有两户人家，沟外有4户人家，其他几户更是散落在龙潭沟的沟沟岔岔里。每天除了屋门只有满目青山，看不到一个人的影子。

何春锐不想在这个四面环山的山沟沟里终老一生，一年四季在地里忙活，到年底无非就打几麻袋玉米、大豆，除了自己吃的还能剩下几个钱？外面的世界都什么样了，就算没看过外面的风景，毕竟在书本里看过文字和图片吧？一辈子就窝在大山里，那几天高中不是白读了？他本想通过高考改变自己的命运，到外面去开创自己的事业，然而分数一公布，何春锐的梦想立刻像肥皂泡一样破灭了。复读是不太可能的，这样低的分数，看来自己也不像一个读书的材料，再说家里根本就没有让他复读的经济能力。依他老爸的意思，考不上大学就回家跟他拱地垄沟去，没有别的选择。

何春锐挺倔犟，心里想了：自己毕竟也是高中毕业生，虽然是一个大学漏，毕竟也跟大学两个字沾了一点边，也算是龙潭沟有名的文化人吧，自己的梦想就这么轻易地破灭了，一点声息都没有？他不甘心，得鼓捣出点动静，管他动静大小呢，总不能一生就这么无声无息吧？

知道高考落榜消息的第二天，何春锐就做出了外出闯荡的决定，他把家里仅有的积蓄从老娘手里要了出来，全部缝在了自己的短裤里，紧贴在自己的小肚子上。临走的时候他告诉老爸老妈自己出去学厨师，将来要当一个数一数二的大厨，做最好的饭菜给他们吃，等赚了大钱就回来接他们。

就这样，刚刚走出校门的何春锐，怀揣着美丽的梦想，怀揣着3000元“巨款”，登上了开往沈阳的列车。他要走出大山，为自己寻找一个人生的突破口，要为自己再造一个春秋大梦，要为自己的家庭打一场翻身仗。他要证明自己。

□ 像流浪狗一样的生活

这是何春锐第一次坐火车，也是何春锐第一次去沈阳。别说沈阳了，在此之前就连朝阳他都从来没去过。

对何春锐来说沈阳是一个完全陌生的城市，没有朋友的陪伴，没有亲属的等待，连一个认识的人接应一下都没有，简直就是两眼一抹黑。还好，列车上的邻座是一个解放军，看年龄应该是一个在沈阳待了很多年的解放军。何春锐有些羞涩地和解放军攀谈起来，聊天之中解放军知道了何春锐此行的目的，热情地向他介绍了沈阳军区的部队厨师培训班，何春锐急忙找出背包里的笔和本，将解放军说出的地址记录下来：沈阳市和平区八一军区厨师培训班。简直是踏破铁鞋无觅处，得来全不费功夫，一下省去了多少时间和麻烦？再说了跟解放军学厨师咱也放心啊，心里也托底啊。何春锐把记录本放进自己的挎包，心里感觉敞亮了很多，像一下子就把厨师证拿到手、当了大厨一样。

在八一军区厨师班学习了3个月，厨师证拿到手了，何春锐却一点喜悦的心情也没有。几个月下来何春锐全明白了，他根本不是当厨师的材料，其实进厨师班的第三天他就开始厌倦了、后悔了，但是2000元学费交了，吐不出来了，这年头吃进去的骨头还有给你吐出来的？绝对没那可能，只好硬着头皮坚持了，他感觉厨师班里的生活比他跟老爹在地里干活还要难受。

如果沈阳有朋友，找一个地方当厨师应该不难，但是对没有朋友的何春锐来说那就难了。他怀揣着几千元钱换来的厨师证在马路上转悠了3天，才在一个又脏又小的夫妻店找到了一份工作，可干了一个下午他就不辞而别了。

“为什么离开那个小饭馆？”有朋友问他。

何春锐咧着嘴夸张地说：“那饭馆太脏，脏得连我自己做的东西自己都吃不下去，我要是长期在那样的饭店里干活非得肠炎不可，当天晚上趁着上外边抽烟的功夫我就跑了。”

第二天，何春锐空着肚子又找了一家小饭店，干了一天半又不辞而别了。

“这家倒不脏，让我切牛肚，生意太好了，一天到晚菜刀抡起来就停不下来了，晚上我那胳膊疼痛难忍。第二天又干了一上午，我还真舍不得这份能填饱肚子的工作，但是胳膊累得都抬不起来了，真干不了了，吃过中午饭借着上厕所的功夫就溜之大吉了。”

在街上一边走一边想着心事，兜里没有钱，手上没有活，前方也没有目的，心里空落落的，肚子里也空落落的，真不是个滋味，真想回家。可是又没脸回家，3000元钱花完了，就拿回一个没用的小本本，工作也没找到，钱也没赚到，比高考落榜还让人丢脸。有家不能回的那种滋味真让人鼻子发酸，连和父母通个电话都难，那个时候龙潭沟连一盘电话还没有呢。

小何后来自嘲地说："不知道自己的归宿在哪里，一天到晚在陌生的水泥森林里穿行，在车水马龙的大马路上茫无目标地乱窜，真像一只流浪狗。流浪狗还能找到食物呢，我一天一天地饿肚子，连狗都不如。"

把3毛钱一支的牙刷卖到30元

"流浪狗"就这么走着，想着，忽然，在一根电线杆上他看到了一则让人惊喜的广告：

招　聘

招聘直销业务员，月收入1500元以上，上不封顶。有意者请拨打以下电话……

小何暗喜：发财的机会来了。

他在路边的公用电话亭打了一个电话，然后按着电话里说的地址，找了两个小时，终于找到了要找的那个地方。

"你好，何先生。"

一个不到30岁的年轻人热情而亲切地和何春锐打着招呼。

一看年轻人那模样、那精气神就知道那是一个年轻有为的领导，一句"先生"仿佛一下子就把何春锐的身份提高了一样，小何心花怒放，仿佛失去联系的地下党突然找到了自己的组织一样。他在那个领导模样的年轻人对面坐了下来，心里一直都有一种热乎乎的感觉，再看看那满屋子参加培训的直销业务员，何春锐的心里一下子就有了信心。

经过一天的培训，何春锐终于明白了什么叫直销。

直销就是在一个相对固定的业务区域里，在没有传统意义上的店铺的情况下，对消费者进行面对面的销售，赚取佣金。直销业务员与直销公司之间一般不具备雇佣关系，但也有部分直销公司为了加强控制，直接聘用销售人员进行销售的，直销员的收入一般是底薪加提成。何春锐所在的这个公司只给业务员提供食宿，收入主要靠销售提成。

到公司的第二天，何春锐拿300元钱从公司里领出了100支牙刷，背着一个业务员常用的那种挎包，开始了他的直销生涯。

何春锐觉得这个工作挺适合自己，不用把自己固定在一个地方，溜溜达达，耍耍嘴皮子，就把什么事情都做了，剩下的就是回去和公司结算查钱了，运气好的话，查钱查到手抽筋，那什么感觉？

想得美，回公司点钱？根本就不是那么回事，没那么容易，钱难赚，屎难吃，这是有数的。走了整整一天，转了小半个沈阳，累得口干舌燥，娃哈哈都没舍得买一瓶，走的时候雪白的衬衣领子回来的时候上面全是煤灰，结果怎么样？挎包里的牙刷怎么背出去的又怎么背回来了，一支也没卖出去。

到公司的第三天，又在外面足足走了一天，脚底下磨出了两个血泡，腿也溜直了，嘴皮子也磨薄了，业务终于有了起色——卖出去一支牙刷，赚了1元钱，心里想：还不如要饭呢，要饭也不至于只要到1元钱吧？那天何春锐的心情糟糕到了极点了。本以为是一个满有希望的工作呢，没想到又是一个空心汤圆，三天卖出去一支牙刷，要指望这个生意赚钱，还不把人饿死？

回到公司的时候大家早吃完晚饭了。他把挎包随便往地下一扔，也不管桌子上是谁的茶水缸子，端起来咕咚咕咚就喝了半缸子，脸也没洗，手也没洗，端起桌子上的一碗饭就狼吞虎咽地吃起来，半碗饭进去了才发现，桌子上的白菜豆腐全是别人剩的。为了省俩钱中午饭都没舍得吃，以为回来能吃口饱饭呢，竟然还是人家的剩饭。想到高考复习期间老妈每天端上桌的热汤热水，忽然悲从中来，他把剩下的半碗饭咣当往桌子上一扔，仰面朝天地躺到了地铺上。望着天棚想起了凌源市大河北乡石洞沟村的龙潭沟，想起了分别100多天的老爸老妈，泪水不知不觉顺着眼角淌了下来……

何春锐的师傅觉得他的情绪有点不对头，于是从地铺上爬起来，把他扔在桌子上的半碗饭捡了起来："小何，你小子狂啊，这是我给你留下来的饭啊，为了给你留这口饭，多少个兄弟冲我瞪眼啊，我自己都没吃饱，你知道吗？你竟然想把它扔掉！你也不想想，这半碗饭你老爸得在地垄沟里多淌多少汗珠子，啊，你还难受？不是我给你留下这碗饭你今天晚上就得饿肚皮睡觉。"

师傅一边说，一边把另一个碗里的白菜豆腐汤倒进碗里，稀里呼噜三口两口就扒拉进了自己的肚子。

师傅叫李洪峰，山东菏泽人，能吃苦。师傅吃饭那一幕何春锐至今都历历在目。每当他遇到困难的时候就自然而然地想起这碗剩饭，想起师傅吃他剩饭时那永远难忘的一幕。

师傅是一个大学毕业生，学营销的。何春锐能有今天，能开上凌志雷克萨斯，能拥有自己的一家车钳铆电焊样样俱全的工厂，他的这个师傅功不可没。

这要从一次谈话说起。

有一天，何春锐回来得早，只有他师傅一个人在地铺上休息，那一天他们两个聊了很多，那次谈话基本上奠定了何春锐未来人生的走向，以及他人生的奋斗目标。

师傅说："小何呀，你天天这么瞎走不行。你首先要学会推销自己，然后才是推销商品。把自己推销出去了，你得到了消费者、客户的认可，他们才可能买你的商品。所以，你要学会放长线，首先要展示你最优秀的一面，吸引他人对你的关注，你什么时候把自己推销出去了，你手里的商品就不愁了。"

那天谈话之后，师傅还送给何春锐一本书，叫《与老板同行》，至今何春锐还把这本书珍藏在自己的书柜里，时不时地拿出来翻看几眼，寻找过去的记忆。时不时地琢磨师傅那句话：推销自己。

推销自己！难道自己也成了商品？何春锐从来没听人这么说过，觉得很新鲜，虽然没太明白怎么回事，但是没事的时候就琢磨琢磨。琢磨归琢磨，该卖牙刷还得起来卖牙刷。这也是一种磨练，要不怎么说阅历就是财富呢，你有了这样的经历，知道了赚钱的艰难，将来无论你做什么、干什么事业，你都会百倍地珍惜你的事业，珍惜赚钱的机会，珍惜来之不易的金钱。

这样又干了半年多，长学问了，其实何春锐早把直销公司那点猫腻弄明白了，啥直销？公司从五爱市场3毛钱一支把牙刷批发回来，然后以3块钱一支的价格卖给业务员，业务员再以更高的价格卖给消费者，这就是所谓的直销。何春锐和几个业务员一商量，为什么非得让公司扒皮呀，咱自己直销不就得了？

不就销售吗，无非是找到一个所谓科学的卖点，也就是给牙刷赋予一套全新的概念，有了这个全新的概念，什么牙刷卖不出去？多高的价钱喊不出口？什么创新设计啊、什么深入牙缝啊、清除牙垢啊、按摩牙床啊、什么负离子牙刷啊、纳米牙刷啊，能吹尽量吹，只要消费者能相信这些鬼话，一支3毛钱的牙刷卖到30元都不成问题！反正消费者不可能做实验，关键是你自己能编出那些让人觉得靠谱的“科学依据”来。

他一边推销自己的牙刷，一边琢磨师傅那天说给自己的话，加上这半年多的磨练，他终于把师傅的话悟透了。师傅的话悟透了，何春锐的直销也见了一些起色，把3毛钱一支的牙刷卖到30元那已经是家常便饭了，然而，何春锐反而觉得自己的直销事业应该结束了。这是怎么回事呢？

他认为，自己编出来的那一大堆“科学依据”本身就是一个骗局，这样的买卖长久不了，将来都这么吹嘘，都这么虚假，用不了几天这招数就不灵了。再说了，长期这样下去的话，怎么能把自己推销出去呢，消费者和客户会认可你吗？还是师傅说得对，首先要展示你最优秀的一面，把自己推销出去。

就这样，何春锐毅然放弃了坚持了近一年的直销生涯，他要改道了，他要想办法把自己推销出去。

混吃等死的寂寞时光

从沈阳来到大连，在舅舅的帮助下何春锐进了一家钢琴厂，那钢琴厂全名叫阿托拉斯乐器制造(大连)有限公司。何春锐没有音乐细胞，从小就五音不全，唱歌有点像狼嚎，要是懂一点音乐，在那里上班也许是一个很有意思的工作呢。

阿托拉斯是一个合资企业，在那里上班虽然不像自己做直销那么随便、自由，但是毕竟有了固定的收入，收入虽然少得可怜，但是毕竟有了睡觉的地方，有了吃饭的地方，最关键的是憋不住的时候也有了撒尿的地方，不像跑直销那阵子有尿了找不到释放的地方，夹夹着个腿可哪找墙旮旯。

工资每个月才400多元，每天拿着一把电钻往做好标记的木头上钻眼，在生产线上一站就是一天，抬头看天发呆的时间都没有，更别说找女孩子谈情说爱了，那里整个是一个文化沙漠、思想沙漠、娱乐沙漠，每天工作之后除了寂寞还是寂寞，看不到一点生活的希望，找不到半点生活的乐趣。虽然也有小姑娘给他暗送秋波，但是都是何春锐瞧不上眼的；何春锐也向别的女孩子暗送过自己的秋波，结果没一个看上他的。

上了一阵子班之后何春锐得出了一个结论：“在合资企业工作其实就是混吃等死，没什么意思。”有阅历的人说话就是经典。

就这样，每天除了在线上像卓别林一样工作，就是像卓别林一样三个饱一个倒，虽然有了一个相对安定的生活，但是，寂寞、压抑、贫穷，这些让人难受的感觉却时时折磨着何春锐，他常常在心里问自己：“这是我想要的生活吗？有的时候真恨不得把自己了结了。”

显然，这不是何春锐想要的生活。但是改变这种生活的突破口在哪儿呢？自从和直销那个师傅聊过之后，他学会了推销自己，但是在这个重视学历、重视资历的层级社会里，在这个唯利是图的社会里，诚实、勤劳、热心、助人……这些东西还有用吗？一年了，何春锐始终诚实、勤劳、热心、助人，夹着尾巴对待身边的每一个人，到头来不还是在车间里摸爬滚打吗？这些东西能换来自己命运的改变吗？还有人欣赏这些东西吗？

一年的合同期满之后何春锐毅然地放弃了这种循规蹈矩混吃等死的生活，他厌倦了每天周而复始如机器一般的工作，他要寻找自己新的生活。

不想在家拱地垄沟，沈阳的工作又不养人，大连的生活也让人感觉郁闷，不知道是这些地方不行还是何春锐自己不行。解除合同之后何春锐去了哈尔滨，那里有他的大姐，也许在那里能找到一个美好的栖身之地。

想象总是美好的，现实总是残酷的。何春锐的大姐其实也是泥菩萨过河，自身都难保，哪有能力顾得上何春锐这个没有文凭的高中生？何春锐在那里就待了7天，然后从哈尔滨又直接回到了沈阳，找到了过去那些搞直销的朋友。想不到一年多没联系，这些人的生意也升级了，由过去的直销变成了现在的传销。电脑总不断地升级还不允许人家的大脑升级啊？他那些朋友很多都干起了“安利”，咱不好说做安利好不好，反正我的不少朋友卖安利产品多少年了没一个发家致富的，别看他们一说起安利推销的神话嘴里直冒唾沫星子，兜里却常常是瘪的，没钱。

小何还真做了一阵子，钱没赚到反而被别人骗去了不少，这才又想起了师傅的那句话：推销自己。安利这样的生意能获得别人的信任吗？被逼无奈之下，何春锐又回到了大连。

很多像何春锐这样的青年都是如此，他们很茫然，没有资金没有机会，还缺少经验、缺少胆量。但他们又不满足自己的现实生活，想改变命运却始终找不到一个恰当的位置，所以一天一天的像个无头的苍蝇在玻璃窗前到处乱撞。

还得厚着脸皮找舅舅。在舅舅的帮助下，何春锐在大连安运隆基带销售有限公司当起了推销员，又混吃等死了一年。

所谓基带其实就是传输机上的输送带，很多自动化程度很高的企业都得用那东西。何春锐第一次接触这个行业，根本不明白基带在生产线上是干什么的，也不知道哪些企业用这东西。刚到这家企业的时候那就是一个傻子，连电话都不会用。过去跑直销都是面对面，后来给木板钻孔，和人说话的机会都少，家里又没有电话，所以出来这么多年了，很少打电话。别看傻，傻人有傻人的笨办法，他自己准备了一个小笔记本、一支圆珠笔，随时在手上拿着，其他业务员用电话联系业务的时候，他就偷着记录别人的谈话，如何和对方搭讪，怎么介绍自己，怎么介绍产品，一句不落地都记在自己的小本子上。等其他业务员都出去跑业务了，他才坐在电话机前开始鹦鹉学舌。

真没想到，就这么鹦鹉学舌，何春锐竟然做成了公司成立以来最大的一个单子。那天他拿着黄页和开发区大黑山矿泉水公司联系，瞎猫一下子就碰到了死耗子，这家矿泉水公司正愁找不到传输带呢。对方让何春锐马上过来，就这样，何春锐和经理一起来到了这家公司。中午大黑山矿泉水公司七碟八碗地招待了何春锐和经理，从来都是乙方请甲方，甲方请乙方，这是从没有过的事情。何春锐一出手就签下了一个4万元的大单子。公司按5%给业务员提成，何春锐一下子就拿了2000元，把那些老业务员气得直翻白眼。

其实，在没有任何经验和阅历的时候，人最需要的不是胆量和机会。因为你什么阅历都没有，给你机会也做不好，反而使自己丧失了奋斗的自信。这个时候，人们最需要的其实就是这种磨练、学习。创业可不能急功近利。

□ 大河与小鱼

安运隆基带公司是一个私有企业，虽然何春锐在那里学会了打电话，也学会了联系业务，但他还是觉得这里发展空间有限，提成太低，于是干了一年多一点，2001年10月份他又离开了。这回说是自己要创出一番自己的天地。

然而，要是随随便便就能创出一番自己的天地，谁都自己创业了。哪能那么容易?

何春锐刚下来自己单干的时候，什么都没有，没有自己的产品、没有自己的办公地点、没有执照、没有资金，绝对一个“四无”企业，所以他干的其实还是直销，卖牙刷对何春锐产生了不可磨灭的印象。可见，人这一生最初干的是什么，对今后的影响可真是太大了。不是在基带销售公司跑了一年多的业务吗？熟悉这个行业，于是他就从传输设备干起。不过，过去卖牙刷是先有了牙刷，然后去找消费者；现在不是，因为传输设备太大了，一套大型的传输设备都能装一卡车，再大一些的都能装满一个列车，他不可能每天拉着一卡车或者几卡车传输设备去找使用者，所以他是拿着传输设备的说明书满世界跑，寻找用户，等找到了用户，他再满世界去找加工单位。找一家要价最低的，从中赚取一点差价，其实就是对缝。

这样的生意不好做。小一点的生意赚取的差价少，大一点的生意却常常跑单。生意大了甲方就不放心了，要到工厂去看一看，这一到工厂就麻烦了，不让看说明咱们心虚；到工厂一看，工厂和甲方直接取得了联系，没何春锐什么事了。开始时揽到活儿送到一家叫万邦的工厂干，后来因为常常跑单，何春锐不跟万邦合作了，又和另外一家合作，一年跑了90多万的业务，年底才给何春锐3万元钱，打发要饭的呢？

这期间何春锐挺苦闷，有业务能力了，手里常常跑来大把大把的订单，却常常因为自己没有加工设备而把单子送给别人，别人赚了大钱，自己却所剩无几。

福兮祸所伏，祸兮福所倚。虽然这期间生意场不得意，何春锐在情场上却大有斩获，他在网上钓到了一条“大鱼”。

这事很有点意思，何春锐姓何，与大河的“河”谐音，何春锐在网上认识的这个美眉姓于，恰好和小鱼的“鱼”谐音，鱼肯定适合在大河里游啊，这么着何春锐一下网就把于美玲捞了上来。

那是2002年12月24日，圣诞节的前夜。

对别人来说那是一个欢乐的夜晚，但是对没有女朋友也没有钱，而且没有任何社会关系，孤零零的何春锐来说，简直就是一个非常寂寞的夜晚。何春锐吃过晚饭之后百无聊赖，就到网吧里上网，网名叫“一条大河”。巧了，那天晚上于美玲也在网上聊天，她的网名叫“一条小鱼”。鱼儿离不开水嘛，一上网何春锐就和于美玲黏糊上了。何春锐五年前就和师傅学会推销自己的本领了，再说了，干过直销、传销，推销自己肯定是有一套手腕的，不到两个小时的功夫，于美玲已经完全被何春锐走南闯北的传奇经历所折服，对何春锐已经五体投地了，小鱼立刻投入了大河之中，当下两个人就约定了第二天见面的时间、地点，没几天鱼儿已经离不开水了。

但是，对两个打工仔来说，恋爱并不是一件容易的事情。没有自己的房子，兜里也没有更多的余钱，很多时候两个人就只能泡在网上，在网上彼此倾心交谈，谈背井离乡的孤苦，谈工作的枯燥，谈未来的渺茫，根本不敢谈婚论嫁。尤其是何春锐，房无一间地无一垄，而且没有一个稳定的工作，没有一个稳定的收入，拿什么谈婚论嫁？这年头，就是找个地方大河和小鱼亲两口、抱两下，那也得花个百八十元的吧？等亲完了、抱够了，也亲累了抱累了，你不得吃口饭啊？又是一两百块！加一起半个月的薪水没了。所以两个人也算了，还是省点吧，攒点钱等结婚之后再亲再抱吧，没事的时候还是在网上泡吧，省钱。

然而，这样的生活如果无休止地走下去有尽头吗？有意思吗？要不怎么说爱情是生活的动力呢，男人不谈恋爱就不知道钱不够花，男人不谈恋爱就不知道没有家的痛苦，男人不谈恋爱就没有创业的胆量和决心。

有一天，于美玲对何春锐说：“金州新开了一个楼盘，首付6万元钱就给办户口。”

何春锐说了：“别说6万元了，就是6000元我也拿不出来啊。”

“我爹说了，给我拿6万。”

“我们家能和你们家比吗？我们家那地方一年能剩600就不错了，我一个人在外边一分钱不给家里，好意思跟家里要钱吗？”

"那将来咱俩住露天地啊？"

何春锐嬉皮笑脸地说："你爸不是打算给你6万元钱吗？咱先把你的户口办了再说呗，正好咱俩有了住的地方。"

"臭美吧，哪有女方买房的？"

……

说是这么说，后来何春锐住的还真就是老丈人给买的那套房子。何春锐每每说起自己创业过程的时候总是说："我岳父对我真不错，帮了我很多，现在还欠着岳父的钱呢。我欠岳父的不仅是钱……"

毕竟花岳父的钱不仗义，要想找媳妇、结婚，过上美满的生活，还得自己有钱。就这样，在爱情的刺激下，何春锐终于痛下决心，开始创立自己的企业。

人生的转机来了

对缝那种生意跑了有一年的时间，手里终于有了2万元钱，那时候已经是2003年了，从高考落榜到手里有了自己的2万元钱，整整用去了何春锐6年的大好时光。还不算漫长，有的人脸朝黄土背朝天一辈子都不知道醒悟，有的人在工厂的生产线上忙活了几十年也不知道醒悟，相比之下何春锐算是醒悟比较早的了。他高中毕业就知道到外边闯自己的世界，他在工厂里呆腻了知道找点熟悉的项目自己创业。这不仅需要勇气，也需要智慧，有了勇气有了智慧，只要再有一点点运气，离成功也就不远了。

2003年8月，何春锐花5000元和另外一个朋友在大连开发区连发商场合租了一间办公室，注册了自己的新锐传动设备有限公司，然后买了传真机、制作了一块牌匾、印刷了公司的广告、再买一台踏板摩托，2万元钱没了。钱虽然没了，但是自己创业这条路他却走定了，而且越走步伐越大。

在连发商场待了一年，他又在金窑铁路租了一块地方干了一年，之后工厂不断壮大，又搬到了金州的民和、马家。虽然转战南北，地方却越圈越大，生意也越做越大，但是手里始终没有钱，有了钱就购买设备，扩大场地，然后再和亲戚朋友借更多的钱，小马拉大车，越走越吃力。

转机是从2006年开始的。

那一年何春锐在金州民和花2万元租了一个200平方米的大房子，准备大干一场。这时他在一个工厂里接了一个小活儿，制作一条传送带。活儿谈成了，价格也谈妥了，负责人非要到他的工厂里看一看。何春锐有些发窘，毕竟谈的时候吹得有些大了，现在人家要看场地，怎么办？不看说明自己心虚，看了肯定砸！

一不做二不休，何春锐在道上就把自己工厂的情况来了个竹筒倒豆子——全抖搂出来了。虽然有了一点思想准备，但是等那负责人进了车间，还是被眼前的情景惊得目瞪口呆，半天才找出一句恰当的话来："小何啊，你不容易啊。"

说起不容易，让我想起一件事来。记得有一次我们几个朋友在一起喝酒，那天是我请客，为什么请客我都忘了，大家很高兴，都喝了不少，小何喝得最多，是两个人把他搀回来的。回到办公室他就躺在门口一个传输设备上，一边敲打自己的胸口一边哭诉："你们说我容易吗？我容易吗……"说了好多遍，直到睡着了才停止哭喊。

所以当听到那位负责人的一句"你不容易啊"，小何的眼泪都要淌出来了，没想到这个人一下子就说出了自己的心声。

小何200多平方米的车间坐落在一个老牛圈的隔壁，一进车间大门，一股牛粪味就刺鼻地钻进了人们的呼吸道。地面好歹算抹了一点水泥，屋里到处是灰尘，窗户上还挂着蜘蛛网呢。只有一台车床孤零零地杵在屋子的一角，也是一台老掉牙的车床。几个电焊工正围着一个工件做焊接，弧光一闪一闪的，电焊工连个焊帽也不戴……

负责人摸了一把满是灰尘的破车床："这破玩意还能干活？"

"怎么不能，电一给上转得刷刷地，小韩把车床开起来！"

一个电焊工应声放下了手里的焊钳子，开始摆弄起车床。

“你这车床没有专人干？”

“我这里的工人全是万能工。”

……

负责人在临走的时候和何春锐亮出了底牌：“小何，你真不容易，你也真实在，这么地吧，以后我所有的活，只要你能干，我全给你干，就算帮你一把吧，但是你必须给我一个承诺，任何活，我不管你挣不挣钱，你不能给我耽误了事，说什么时候给我交货就得什么时候给我交货。”

何春锐的小嘴咧得像个瓢似的，头点得像捣蒜一样：“好好好，好好好……”

这负责人真是说话算话，从那天开始他们公司的所有活都给了小何，小何那一年光在这一家就承揽了200多万元的加工活。赚多少钱咱就不给人家算账了，都是商业秘密，反正第二年何春锐就鸟枪换炮了，添置了一台新车床，又买了铣床、剪板机、折弯机、钻床，还有各种各样的焊机，什么金、银、铜、铁、锡、铝，什么都能焊，什么都能加工，你要是让他给嫦娥2号焊发射架，我看他都敢接。

生意有了进展，爱情也有了发展。相恋3年，2006年“大河”与“小鱼”终于修成正果。

结婚前一天，于美玲特意到我们公司来了一次，把这个激动人心的消息告诉了大家，能看出来于美玲那是真高兴。那天，和我们聊天的时候她的工友来了一个电话，她一脸灿烂的笑容和对方聊了起来，老有意思了。

于美玲告诉对方：“你明天可一定来呀，看一看我们那个小家。我们买房了，也买车了。”

“买的什么车？”

“我告诉你吧，跟宝马大吉普一模一样，就标志不一样，要是换一个标志那就是宝马大吉普。”

“到底是什么车呀？那样吧，明天得让我坐你那台车呀。”

“那行，肯定没问题。”

这是5年前的事了，那时何春锐买的是双环大吉普，的确跟宝马大吉普很像。5年之后的一天，我突然接到何春锐一个电话，他非常兴奋地和我说：“杜经理，我换车了，新买了一个凌志雷克萨斯……”

你看看，不过才自己干了7年，雷克萨斯都开上了，真牛啊!

再后来我采访小何的时候，他更兴奋，说起话来嘴像开机关枪一样：“我注册了一个新公司，叫鑫菱瑞机械制造有限公司，是一般纳税人。去年干了将近300万的活，赚多少我也没算过，我现在这些设备有100多万吧，再就是这两台车，60多万，外面还有50多万元的债务，这么多年了，我是没赚多少钱，我的底子薄呀，我是白手起家啊……”

一个大学漏，白手起家，苦拼了12年，终于走上了沧桑正道，用小何自己的话说：“我容易吗？”

小车不倒只管推

2 侯连斌

42岁，大连开发区人。初中毕业之后在工厂上班，学得一手维修缝纫机的手艺。机缘巧合之下跳入商海，被人罚过、被人骗过，呛了几口苦水之后，终于修成正果。目前是大连连滨服装有限公司董事长。

最难忘 开黑车被人罚款5000元。

邮　箱 没玩过电脑

电　话 15940867632

□ 别抢别人嘴里的草

我认识侯连斌那功夫，他正走运呢，不过走的是霉运。

这事得从他2004年到连发商场说起。当时他在连发商场租了一块不大点儿的地方，销售缝纫设备，那小店面的名字还是我给他起的呢，记得叫连滨缝纫设备销售商行。名字用了侯连斌名字的谐音，同时还兼有大连、海滨城市的双重含义，是不是挺不错的？

名字虽然不错，但是侯连斌的生意做得并不好。当时侯连斌之前开的一个服装厂刚刚关门大吉，手里没有太多的本钱，所以只能倒腾一点二手的缝纫设备，再就是销售一点不值钱的缝纫机配件。这年头老百姓家谁还自己做缝纫活？大的服装厂人家自己仓库里的配件比侯连斌店里的东西多了去了，谁买他的东西？所以他每天也就是从个体服装厂接一点活儿，像鸡肋似的，不啃吧可惜了的，啃吧全是骨头，根本没多少肉，权且维持生活。

万般无奈之下，侯连斌用自己联系业务的松花江小面包车跑起了黑车。刚跑的头几天每天都进账一两百，侯连斌还向我们念叨呢："马不吃夜草不肥，门市多少赚点，黑车多少赚点，几年不就发展起来了，不就美出鼻涕冒泡了？"侯连斌还说："跑黑车的生意其实挺不错的，不用办理什么手续，也没有什么更多的费用，每天都能赚个百八十的，真好。"

是，马不吃夜草不肥，但是你不能抢别人嘴里的草啊。那时候大连开发区出租车的生意本来就不好，侯连斌不知深浅地一脚趟了进来，出租车司机能惯你毛病？一个金钩钓鱼之计就把侯连斌给钓进了开发区交通管理处，人家一张嘴就是罚款2万。把侯连斌吓得差一点背过气去，2万元啊！一个松花江面包新车才4万多元，这不是要我的命吗？那些天侯连斌比热锅上的蚂蚁还热呢，出来进去急得团团转。后来还是我托朋友找关系给他说的情，好说歹说罚款5000元了事。

损失惨重，怎么办？侯连斌说了，"堤内损失堤外补吧。"你别看侯连斌这小子蔫，蔫人胆更大，5000元钱交上去没几天，他换了一个地方黑车又上道了。都说跑得了和尚跑不了庙，真对。什么车你都得在马路上跑吧？那大马路其实就是你侯连斌小黑车的老庙，你跑得了吗？你以为交通处那一帮人是吃干饭的？侯连斌的黑车没跑上半个月，小面包又被一个“金钩”钓进了交通处，一张嘴又是2万元。

侯连斌慌了神了，懵了，又来找我了。

我真没办法了：“朋友上次在那里已经给你打包票了，保证你金盆洗手，这才半个月你就重操就业，根本没法张嘴啊……”

侯连斌两眼噙着泪水，哭唧唧地说：“家里俩孩子还上学呢，再罚2万，我就没法活了。”

一听他说起两个孩子，我的灵感来了，于是给侯连斌又出了一个熊招。我告诉他如此这般，如何如何……保证你毫发不伤，把车要回来。

侯连斌听了我的话，脸上立刻荡漾起笑容：“能行？”

“肯定行。”

第二天早上。侯连斌左手搀扶着年近七旬的老母亲，右手领着自己两个孪生男孩，小心翼翼地敲开了开发区交通处处长的办公室。

侯连斌走到处长办公桌前一副哭腔：“处长，这是我妈……”

处长看着眼前的景象有点丈二和尚摸不着头脑：“你们怎么回事？”

这时候侯连斌的老母亲和两个孩子就在处长的办公室里一把鼻涕一把泪地哭了起来。

处长指着侯连斌：“有什么事，慢慢说。”

侯连斌说：“我现在下岗在家，和媳妇也离了婚，家里上有老父亲、老母亲，下面还有这一对双儿（一对双儿，意为双胞胎，此为东北方言）孩子上学，什么收入都没有，手里就有一个小面包车，实在没办法了，我就跑了几天黑车，才几天就让你们给抓来了，要罚款2万……我实在没法活了，处长，这面包车就是我们一家人的全部财产了，就是我们的命根子了……”

这招可真灵，侯连斌老母亲的面子比我那朋友的面子大多了，当时处长就动了菩萨心肠，一个电话就把侯连斌的车放行了，一分钱都没罚，连20元钱的停车费都免了。不知情的人背后说不上以为小侯有多大门路呢？侯连斌一出交通处大门口，后屁股就围上一帮人来，求侯连斌帮忙要车，弄得侯连斌哭笑不得。

都是本命年惹的祸

黑车无论如何是不敢再跑了，再被抓进去侯连斌就是把他奶奶领交通处去恐怕也不行了，还是老老实实地卖自己的二手缝纫机吧，赚得虽然不多，但是踏实。

我和侯连斌聊天的时候，掐算了一下子，侯连斌说那年是他的本命年，流年不顺，活该倒霉。

就在侯连斌第二次把车开回来不久，一个女工友找到了侯连斌。这个工友过去和侯连斌在一个单位干过，最近傍上了一个韩国的大老板，还给这个韩国大老板生下了一个大胖小子。韩国人在金州十三里的韩家村开设了一个服装加工厂，工厂里一共有100多人，服装全部出口韩国。工友让侯连斌给进一套循环式服装裁剪带锯，进4台码边机，还有其他一些乱七八糟的东西，侯连斌现在都记不住了，反正后来一共瞎在这工友手里将近3万元货款。

当时侯连斌还来征求我的意见：“杜老板，你看这笔生意怎么样？”

“我看不怎么样，据说韩国人做生意不太讲究。能赚多少钱？”

“能赚5000元钱吧！”

“做不做都行，风险太大，韩国人手里肯定没钱，有钱他能让你这么轻松地赚他5000元？”

当时侯连斌的生意不好，这个赚钱的机会他怎么舍得放手呢？后来他还是做了。他手里有1.5万元，又从自己舅舅手里借出来8000元钱，一共花了2.3万元把韩国老板要的东西备齐了，加价20%，一共是2.76万元。那个韩国大老板答应先送货，一个月之后结账。

结果怎么样，还不到一个月，那个韩国人开设的服装厂就关门大吉了。据说还欠金州十三里韩村房东8万元钱的房租，100多号工人好几个月的工钱也分文没给，服装厂的食堂还欠着外边1万元的米面钱，其他那些设备也说不上是从哪里拐骗来的呢。反正这个韩国人欠了一屁股债，抬起屁股人家走人了，把屁股后面那一摊子乱七八糟的倒霉事都撂给了他的“老婆”。

侯连斌的火一下子就上来了，第二天嘴唇上就起了一圈黄色的水泡，嗓子都沙哑了。还好，后来他终于找到了一棵救命的稻草——他从韩村那个租房给韩国老板的房东那里打听到了工友娘家的地址。当下，侯连斌马不停蹄，买了一张火车票就往那女工友家狂奔，希望在那里能把那两口子堵个正着。

工友确实回了娘家，但是那个韩国人却回到了韩国。工友的娘家在吉林省吉林市口前镇，住在一个很不起眼的教师楼里。韩国人携款潜逃，“老婆”孩子一个没要，工友其实也是一个受害者。要不怎么说交友要慎重呢，交工友你也得慎重，友里面不是也包括工友吗？你看，这女工友交友不慎，被棒子给骗得一塌糊涂，侯连斌交工友不慎，也被工友的男友骗得一塌糊涂。

工友家的房子一共两室一厅，家里一共有4口人，工友的父母、工友、工友和韩国人生的那个大胖小子。都什么时候了，哪还管得了三七二十一。侯连斌在那女工友家一住就是3天，该吃饭的时候吃饭，该撒尿的时候上厕所撒尿，该睡觉的时候上床睡觉，就是没好意思上工友床上睡觉了。

没用，还是一分钱没要回来。

那工友老妈说了："小侯啊，不是我们不给你钱，我们也被那个棒子给耍了，我们真没有钱，就连我们手里那点养老钱都被棒子骗去扔进了服装厂里，别说两万八了，就是二百八我们也拿不出来。你愿意住你就在我们家里住，我们吃什么你就和我们吃什么，反正我们没有钱。"

话说到了这个份上，再住下去还有什么意思？一趟吉林又扔进去1000多块，找谁要去？

都是本命年惹的祸，本命年真有这么可怕？

□在房子面前什么马都得吃回头草

1985年7月侯连斌初中毕业，17岁小毛孩一个，那时候没有工作不叫失业，叫待业，什么文凭没有，什么本事没有，在家待业吧。这一待就是一年，初中毕业第二年，正赶上他老爸所在的金源实业总公司转产，下属的分公司投资兴建了一个饮料厂，侯连斌终于由待业青年变成了工厂工人。

侯连斌老实，不善言谈，干活实在，哪里有活哪里就能看到他的影子，这对一个18岁的小生牤子来说难能可贵。因此在饮料厂里侯连斌博得了一个很好的名声。上班第二年，饮料厂要选10名小青年学汽车驾驶，领导很看好侯连斌，名单里侯连斌也算上了一个。侯连斌老高兴了，那年头私家车极少，在单位开车的司机地位仅次于单位领导，开单位的车基本上相当于自己家有了车，所以没有一个人不想当司机的。有比侯连斌资历老的，有比侯连斌有门路的，还有比侯连斌有钱的，大家都把目光一起盯在了侯连斌身上，都要和18岁的侯连斌比试比试。比试的结果是，侯连斌只在学车人员名单上待了3天，在大家的攀比之下，他连车都没上，名字就被领导用钢笔无情地划拉掉了。

没有可以说得通的原因，只有让人无法接受的结果。

侯连斌觉得窝囊，觉得丢脸。一气之下他找到在大连市床单厂当领导的表哥，一个调令他被调到了大连市床单厂。还是朝中有人好办事，侯连斌成了一名保全工，跟师傅学起了缝纫机维修和养护。侯连斌虽然只是一个初中毕业生，但是他比较聪明，再加上他的实在，不到半年的功夫缝纫机那点事人家就弄得明明白白了。

在大连市床单厂干保全两年了。这时侯连斌老爸所在的金源实业总公司投资200万元又建起了一个服装厂，急需缝纫机维修技术人员。人们突然想起了那个曾经在饮料厂里干活的小青年侯连斌，地方太小，谁在干什么大家都了如指掌，领导让侯连斌的老爸做侯连斌的思想工作，让侯连斌回金源公司来。

常言说，好马不吃回头草，别看侯连斌老实，老实人也有脾气。侯连斌想了，拿我当什么人了，用不着了一脚踹出去，用得着了给个甜枣再哄回来，你以为你是谁啊？不回去，让我回去也不回去。

然而，毕竟老爸在人家手下糊口啊，再说了人家手里有权有钱啊，几个回合下来，厂里答应给侯连斌一套房子。这个诱惑可实在太大了，简直让侯连斌垂涎三尺，还犹豫什么，在房子面前什么马都得吃回头草！昨天因为车票侯连斌离开的，今天因为房证侯连斌又回来了。

虽然没用八抬大轿去抬，毕竟也是被请回来的，也算得上是荣归。两年前的小徒弟，摇身一晃变成了现在的大师傅。顺便说一嘴，在服装加工厂里，人们把缝纫机普遍都叫“车”，毕竟也有两个轮子嘛！当年侯连斌就是有幸当上了厂里的司机，最好的结果也就是两个人开一辆车。看看现在，侯连斌手下带着两个小徒弟，一下子管了100多台“车”，不比当年威风多了？这就是人挪活，树挪死。能挪动的话人还得挪动，越挪动越活泛。

发财的机会来了

毕竟在大连市床单厂干过两年，什么样的“车”没见过？所以你别看当时侯连斌才二十三四岁，那工厂里的缝纫机还真没有能难住他的，所以这小子在厂里的威信挺高，手下的两个小徒弟也挺听使唤。然而，你再有本事也是每月200多元钱的工资。一些大型服装合资企业的确来挖过侯连斌，侯连斌权衡再三还是留了下来。现在的公司薪水虽然不高，但是有房子；合资企业的薪水的确很高，到合资公司你就得把房子交出来，高出那点工资多少年才能攒够一套房子？看来房子的吸引力还是挺大的。

一个偶然的机会，侯连斌的脑袋突然开窍了。侯连斌的一个朋友找侯连斌给维修几台缝纫机，忙活了一个上午，趴窝的几台机器一个一个又飞转起来了，朋友在酒店宴请侯连斌，酒桌上啪地甩给侯连斌一张百元大票。

侯连斌特实在，说什么也不肯要这钱：“酒也喝了，饭也吃了，这钱我看就算了吧。”

朋友哪里肯依，硬是把钱塞到了侯连斌的衣兜里：“酒得喝，饭也得吃，钱该拿你也得拿，你不拿钱下回我没法张嘴找你了。”

现在这100元大票当然是不算什么了，但是在当时那也是侯连斌的半个月工资啊，侯连斌突然觉得这倒是一个发财的门路。于是从那天开始，每到星期六、星期天，侯连斌就到一些个体服装加工厂去转悠转悠，名片都没舍得印，一般情况下先自我介绍一番，然后把事先写有自己联系方式的小纸条一一递给那些工厂的负责人，然后回家等着。渐渐地，侯连斌在那一行里还真有了一点小名气，找他修缝纫机的还真不少，星期六星期天赚来的外快甚至比上班挣的工资都多。

侯连斌的心里有些失去了平衡。一个月给公司忙活20多天，到手的钱就200多元，平均一天才10元钱；星期六星期天忙活两天，也是200多元！一天就顶上班10天，这效率！好一阵子，侯连斌的心一直乱乱的，总想着出去自己赚大钱。

机会终于来了。

2001年金源实业公司下属的服装公司和韩国企业合资，成立了新的合资服装公司，新的合资公司大量裁员，公司里人人自危，托关系走后门，想方设法以期保住自己的饭碗。趁着这个功夫，侯连斌非常顺利地成了一个自由人。

合资公司引进了30台韩国最先进的缝纫机，于是淘汰下来的30台缝纫机被当成废铁扔进了仓库。别人不知道这30台设备的价值，侯连斌知道啊。这些设备的确没有从韩国引进的新设备先进，但是那也是国内数一数二的设备啊，才运行了不到3年，基本是八成新的东西，合资公司虽然不把这些八成新的东西当回事了，但是这些东西一旦拿到个体服装加工厂，那可都是好东西啊。

经过上下运筹，侯连斌把全家的积蓄全取了出来，以一台230元的价格买下了合资公司淘汰下来的那30台“破机器”。那些天，侯连斌天天躲在家里调试他那30台心爱的机器，一边调试机器一边偷着笑，一边偷着笑一边规划自己的美好未来。

☐ 未来不是规划出来的

规划是规划，现实是现实，绝大多数条件下人生的未来不是规划出来的。

侯连斌把沙里淘金的30台设备修整一新，以700元一台的价格卖了15台，这样侯连斌就相当于白捡了15台八成新的缝纫机，还额外赚了3600元外快，人家有那手艺。

于是侯连斌在这15台缝纫机的基础上，开始筹建自己的服装工厂了。这边，侯连斌采购设备，布置车间，精心地筹划着自己的服装公司，另一边侯连斌的老婆被派往服装研究所学习服装设计、裁剪和制作。经过半年多的精心准备，2002年某月，侯连斌的服装厂在大连开发区昌临大厦四楼隆重开张。

服装厂刚开业那功夫，真让人心花怒放。侯连斌都没想到服装厂能开得这么顺利。他的工厂在4楼加工西服，2楼卖服装的就不请自来，最好的时候加工出来的服装都不用进自己的仓库，加工出来一批取走一批，这边加工出来多少人家就要多少，天天加班加点，真叫人开心。侯连斌总喜欢在心里勾画蓝图，规划未来，他想了：照这样干下去，用不了几年我就可以建设一个和金源一样的服装厂了！

可惜，这种好年景就坚持了不到一年，非典突然来袭，把侯连斌的规划完全打破。

生意突然就淡了下来，加工出来的服装没人要了，库房积压了大量存货，缝纫女工纷纷回家。侯连斌束手无策，轮到谁谁都没辙。欠工人的工资你不能不给吧？侯连斌是讲究人，别人欠他的行，他欠别人的肯定不行；签了合同的房租款你得给吧？不给就得违约，损失更大。很多卖服装的因为生意不好，也不辞而别，服装款就成了一堆死账……

怎么办？

还能怎么办！除了库房里有一堆即将过时的服装之外，就剩下一屁股的债务了，除此之外一无所有。

把服装折价处理掉，把欠下的房租还清，再把刚刚组装好的缝纫机拆下来，一台一台地包装好，拿回自己的住宅。那心情简直是无法形容得沉重，尤其是往下拆卸机器的时候，眼泪禁不住扑簌扑簌地往下掉，想止都止不住。不怕没好事，就怕不走好运，你说如果没有这场该死的非典，侯连斌那服装厂现在该有多辉煌，说不定早就超过法国的皮尔卡丹了。

毕竟，这是我的假设。侯连斌规划不出自己的未来，我也假设不出现实。侯连斌最终还是没有能力超过皮尔卡丹。在万般无奈的情况之下，侯连斌在亲戚朋友的帮助下又筹集了1万多元钱，来到了连发商场，租了巴掌大的一块地方，开始销售缝纫机配件。唉，人呐，这一生坎坎坷坷，难免有起起落落，难免有风吹雨打。

然而，侯连斌简直太倒霉了，比倒霉兔还倒霉。到连发商场不久他相继发生了面包车被扣被罚款事件、发生了离婚事件、发生了缝纫机款被骗事件。人家其他朋友到连发商场也是“连发”，是“连发”大财，倒霉的侯连斌却是“连发”突然事件。刚刚开始独立创业，眼前竟然接二连三发生一起又一起无法预料的事件，难道天将降大任于斯人也？不管怎么地，老天也不该让这些倒霉事可一个人来吧？可是，它就可一个人来了。

向前向前，向前

命运永远不会按照你规划好的路线图走下去，它说不上在什么地方拐弯，也说不上在什么地方出现岔道，更说不准在什么地方遇见陷阱。命运就仿佛你手里一辆不听使唤的手推车，这手推车只要不倒，我们唯一能做的就是一直往前推。

所以无论命运的手推车怎么不听使唤，侯连斌已经下定了决心：只要它肯向前走，我就一定用力推。

侯连斌在连发商场里干了一年半。

命运的手推车把他推到了他的第二任妻子面前。

2005年侯连斌认识了他的第二任妻子，也是做服装出身的，她在一家合资企业做服装做了5年，懂得服装加工的各个工艺流程。你看，一个懂得服装加工的工艺流程，一个懂得服装加工过程中的各种设备，组合到一起那就是一个服装厂。两个人刚认识那阵子，自然满口谈的都是服装，仿佛经营服装的合作伙伴——甲方和乙方。不仅有共同语言，更为重要的是，这女人手里还攒了几个钱，而侯连斌的床底下正好还藏着15台缝纫机以及全套的服装加工设备，两个人正好来一个全方位的结合。

侯连斌是一个打不倒的硬汉，他的妻子是一个能干的贤妻，自从两个人实行全方位整合之后，侯连斌的命运之车开始脱离原来的轨道，全速奔向幸福。

他们的新服装厂是2005年组建的。服装厂是新的，名字却沿用了当年做配件时使用过的名字——连滨服装有限公司。

2007年大连开发区西山小区被动迁，两个人用手里的钱在河口村买了一亩地，自己建起了一座全新的厂房，整个车间300多平方米，整齐地摆放了30多台缝纫机。地方的确有点偏僻，设备还是当年那些设备，也不够先进，但是侯连斌说了："咱这设备的确不行，服装不是有里有面吗？咱干不了表面文章，咱还干不了里面的文章啊？"

是的，毕竟在服装界混了20多年了，服装加工行业的朋友一大把，找谁还不弄来点活儿干？自从重新组建服装厂以来，侯连斌就吸取了过去的教训，不做流行服装了，专门给别人配套，别人做表面那点难干的活儿，自己做里面那点比较好干的活儿。侯连斌又说了："咱这买卖小，没有承担风险的能力，干这种活儿省心，没有风险，活儿都干不过来，我那些朋友都说了：'有我干的就有你干的，不给谁活儿都得保你的活儿。'"

从2002年自己干时算起，如今他已经摸爬滚打了8年，总算让自己的服装厂顺顺当当地运转起来了。每天为了赶工期虽然起点早、贪点黑，但是看着亲手建起的工厂矗立在绿色的田野里，看着30台缝纫机马不停蹄地在那里飞速旋转，看着一件一件加工好的服装被送出去，再累心里也舒坦。

“据说你现在的服装厂又要动迁了？”

“可不是嘛，对面已经开始动了，也许躲不过明年。”

“那明年怎么办？”

“我都折腾惯了，没事，小车不倒只管推呗……”

的确，回想一下侯连斌这些年走过的路，真是一个坎连着一个坎，被抛弃过、被罚过、被骗过、亏过栽过……但他从没有停下奔走的脚步，没有被打倒过，也从来没有放弃。如果说他最终收获了幸福是靠了某种过人之处，那也说不上别的，就是“坚韧”。这两个字说起来容易，要想做到，则需要勇气和决心。

为了9万块砖头

3 成宝生

宝生电动工具有限公司董事长。一个瘦小但坚韧的南方人，老家在江苏省启东市的吕四港镇，18岁开始独立门户在山东省济南市销售电动工具，2002年10月3日，背着身后10多万元的债务来大连淘金，现居大连开发区金海里小区。二十年如一日，在电动工具这一行里摸爬滚打，痴心不改。如今已经拥有几百万元的身家。

最渴望 把自己八年前收藏的9万块砖头尽快变成一座别墅。

QQ 449046617

邮　箱 449046617@qq.com

电　话 13354047159

18岁的小老板

成宝生今年37岁，但是做生意已经19年了，人家那叫高压锅焖饭——早熟。初中毕业之后，17岁，刚刚是一个法律意义上的行为能力人，成宝生在外面学徒一年，18岁就开始一个人在外面自立门户了。他长得又瘦又小，18岁的时候还像一个小学生，然而已经开始自己做饭、自己洗衣服了，还要自己当老板，自己照看生意、跑客户、要账，多么艰难，是不是挺让人佩服的？想想现在那些让家长陪读的大学生，真是让人羞红了脸。

成宝生的妻子叫秦菊，他们俩是我认识的这些朋友里唯一的一对南方人。最早成宝生在山东济南市做生意，济南是山东省的省会，以七十二泉著称，城市古老，经济发达，是山东最有名的城市。成宝生18岁就敢一个人跑出来，在那样的城市里一个人做电动工具的销售和维修，我觉得挺了不起的。他们到大连的时候是2001年，当时成宝生29岁，秦菊才24岁，他们怀里还抱了一个3岁多的小孩子。因为成宝生长得比较瘦小，当他们第一次出现在我面前的时候，我简直惊呆了，心里想：不过是两个十几岁的大孩子领了一个两三岁的小孩子，出来做生意，行吗？

这就是南方人与北方人的不同。南方人敢于冒险，勇于创新，能够走南闯北。他们不怕吃苦，不怕失败，哪里倒下了哪里再爬起来，就像学步的婴儿，总有站稳的一天，总有跑步的一天。多少年来都是如此。你看中华大地，世界南北，哪里的生意不是被广东人、江苏人、浙江人把持着，据说欧洲的很多大超市都是温州人开的，这事你不服不行。这就是传统的力量、习俗的力量，人家南方人就有这种敢打敢拼的精气神。

成宝生和秦菊来自于江苏省启东市的吕四港镇。

吕四港镇是江苏省启东市的第二大镇，吕四港人也一向以有钱而著称。吕四港虽为启东的一个镇，但是却提供了全国一流的优质海鲜，以海蜇、文蛤、紫菜等著称。

吕四港人很早就有在外谋生的传统，因此那里的一些家庭收入都比较高，而本地物价又比较低，所以吕四港人的生活一直都比外边要好很多。那里人从什么时候开始喜欢走南闯北无从查考，但是从“80后”的爷爷奶奶那辈开始，外出谋生已经很成气候了，有的在上海、南京，有的在南通。上个世纪六七十年代，他们从外边带回来了自行车、上海牌手表、收音机等等。现在就更不用说了，在外地做五金生意的吕四港人遍地都是，捡回黄金无数。

说到这个我想起成宝生刚到大连时的一个笑话。

那次几个朋友在一起喝酒，全是外地到大连做生意的朋友。闲谈中说起各地的发展，成宝生首先夸口：“我们江苏最有钱了，我们南通那边家家在外面做生意，出手都相当阔绰，回家盖房不说，还人人都有小轿车，真他妈有钱。”

另一个朋友石万祥哪肯示弱：“我们河北人最有钱，我们那里别看是农村，家家开工厂，家家有车，那是真有钱。”

成宝生说：“你们那里不行，现在我们江苏经济年年排在最前面。”

石万祥说：“你们那里不行，如今我们河北哪个地方不是发达得很？”

……

最后两个人竟然为此争得面红耳赤，大打出手，瘦小的成宝生竟然把敦实的石万祥打得满地找牙。

别看他们义无反顾地出门在外做生意，其实心里始终惦记着家乡。什么是家乡？家乡就是自己一天骂八遍而不允许别人说半点不是的地方，家乡就是在外的游子日思夜想的地方。

悄悄来临的爱情

1998年成宝生从济南回家过年，十几天的功夫，不过回家看看爹娘，会会朋友，如此而已。别的事情他一点思想准备都没有，然而，一段刻骨铭心的爱情正向他悄悄走来。

事情和电视剧里演得一样老套。

成宝生陪同一个朋友去看对象，巧了，女方也有一个女友陪同，这个女友就是后来成为成宝生妻子的秦菊。四个小朋友像过家家一样，在吕四老街，一边吃着炸臭豆腐、炸鸡肉串、蛋油饼、老碱馒头，一边嬉笑着，最后四个人又到文化宫里坐了一会儿碰碰车，到游戏机房里打了一会儿游戏，见面活动就算结束了。让大家没想到的是，那两个看对象的主角没戏，而这两个做伴的最后倒成就了一段美满的姻缘。

大年一过，这帮回家过年的生意人就要忙着往外边跑了。成宝生那双往外跑的腿却怎么也迈不开步了，被秦菊给绊住了。

秦菊长得漂亮啊。白皙的面孔，白里透红，圆圆的脸盘，眼睛里仿佛流淌着一汪宁静的秋水，个子不高不矮，身材不胖不瘦，浓黑的头发在脑后一披散，像倾泻的瀑布。再说了吕四港镇的对面就是大上海，大上海的海风时不时地往吕四港镇吹一吹，就把秦菊熏陶得非同一般得洋气，穿戴不仅时尚而且得体，往成宝生眼前一站，成宝生的那双眼睛像被定住了一般，怎么也挪不开了；双脚像被胶黏住了一样，硬是迈不开步。成宝生虽然年龄小、长得也小，但毕竟是个老板啊，手里有钱啊。那些日子，吕四老街、小商品一条街、吕四镇电影院、红楼、百货商店，处处都能看到他们两个的身影。尤其是鹤城公园，虽然已经破破烂烂，但是那里几乎是他们两个每天必去的场所。过去，吕四港人很流行在鹤城公园的弯曲小桥上拍全家福，只可惜当时数码相机还不像现在这么流行，手机也不像现在这么普及，就更别说可以拍照的手机了，不然成宝生和秦菊说不上在那里留下多少美丽的回忆呢！

拥有吕四港镇第一架电梯的百货商店里，成宝生也说不上为秦菊抛撒下多少定情的礼物，只要秦菊高兴成宝生在所不惜。老爸老妈不明就里，天天催着成宝生上路，成宝生却总是找出各种各样的理由赖在家里不走，和老爸老妈撒谎，说是货物还没准备齐全。赖到了二月二，不走实在不行了，临走的时候“啪”甩给秦菊3000元零花钱：“我走了之后没人陪你了，给你留点零花钱，自己解解闷吧。”

当时成宝生26岁，秦菊才21岁，刚走出校门没几天，哪见过这样的阵势，当场就成了成宝生的俘虏。当下，两个人含着眼泪依依吻别。

那一年济南的生意让成宝生干得稀里糊涂。用不上一个月就跑回吕四港一趟，隔三差五就找理由往家里跑，半年的时间回吕四港不下五六次。最后那一次成宝生终于连蒙带骗外加哄，把秦菊从吕四港镇领到了济南府，开起了两个人的“夫妻店”。

背着10万元债务前行

你以为南方人会做生意，他们都有钱？不是！其实成宝生刚来大连的时候是背着一身债务出来的。你以为小老板就都有钱啊，他那些钱其实都不是自己的。别看吕四港镇不大，只有十几万人口，其实启东市也不过是一个县级市，但是人家那里的人就是敢拼。启东市连续三届跻身全国农村综合实力百强县市行列，先后荣获全国科技百强县市、中国明星县市、全国卫生城市等称号，那里的企业特别多。知道为什么人家那里这么厉害吗？知道人家那里为什么叫吕四港吗？因为传说中的仙人吕洞宾曾经莅临那地方四次，所以那地方才根据这个传说将地名起为“吕四”，感情人家那里粘着仙气呢！记得电视里天天播放的盖天力、白加黑吗？都是那里的产品。

所以呀，很多时候他们那里的人出来经商有优势，他们一般都是先从一些熟人手里把货赊出来，等卖了首批货物之后再用手里的钱上第二批货，第二批货卖了再上第三批货……这么一点一点地倒，用过去的话说那就是“倒买倒卖，投机倒把”。

成宝生在济南那几年的生意其实没赚到什么钱，男人不结婚就始终是个大男孩，长不大，长不大生意就做不好。既然没赚到钱，小两口一合计，人挪活树挪死，咱们为什么不打一枪换一个地方呢？这样两个人才告别济南来到大连。

2002年10月3日，成宝生背着身后10多万元的债务来到了大连，10月5日在大连开发区连发公司租了两节柜台，开始了他们在大连的淘金生活。也就是说当时他们摆到柜台上那10多万元的电动工具全是欠人家的，有老张家的，也有老李家的……也就交给房东的那1万元房租是自己的。这对一个29岁，领着老婆、孩子才3岁的小老爷们来说，包袱的确是太重了一点，压得成宝生都有些直不起腰。怪不得大家都说成宝生话少呢，可能是被那10多万元债务给憋的。

电动工具摆上了柜台，那只完成了做生意最初步的环节，接下来还要卖货、补货、回款、发展客户，这些才是最难的，想象不到的事情简直太多了。

有一次，傅家庄一个工地的老板到开发区干点活儿，偶然走到了成宝生和秦菊的店里，一看小两口的工具挺全，维修手艺也算了得，想要拿十几万元的货，而且事先说了得过几天才能给货款。

小两口被难住了。工地在傅家庄，为什么上开发区拿货呢？距离50多公里呢，如果干完活他们拍屁股走人怎么办？还有，送货也比较麻烦，来回就是100公里，自己又没有车，能赚多少钱，小两口心里的确没底。反过来想呢，又是另外一番天地，这可是一笔大买卖啊，成宝生专门到工地去看了几眼，整个工程干下来电动工具还不得用个百八十万的？一手钱一手货的买卖怎么可能这么轻易落到咱们的手里呢？想来想去成宝生拍板了："舍不得孩子套不住狼，干吧，毕竟是一个机会啊。"

结果，傅家庄这个工地一年的功夫在成宝生和秦菊的店里拿了90多万元的电动工具，净赚20多万。这就需要有一点冒险精神、决断能力。没有金刚钻你就揽不了瓷器活。

还有一次，一个工地在他们店里拿了几万元钱的货，一年多了硬是不给钱，再过一个年可就快两年了，到时候打官司都没人管了。那年他们一直等到大年三十都没回家，大年三十那天中午，成宝生和秦菊敲响了欠债人的家门，秦菊说："张经理，过年回不去家了，帮帮忙吧，把我们这笔欠账清了吧，我们上海老家的供货商现在就等在我家大门口要钱呢，我妈说了不带钱回去我们根本进不去家门……"

就这么着，才把欠了快两年的一笔"巨款"要回来，回到家的时候已经是大年初二了。你说一个刚过而立之年的小老爷们拖家带口的做点生意容易吗？

这是要回来的欠账，那些三千五千、三百二百要不回来的欠账就更别说多少了，还有骗人的空头支票，现在躺在抽屉里的还好几张呢，你找谁去？

刚刚出来那阵功夫，不仅身上的债务包袱沉重，让人不堪重负，其实心理上的包袱也不轻。来大连最初那两年，秦菊过年从老家一回来心情就不好，为什么不好呢？

秦菊说了："我们那些亲属、邻居、同学做的生意都老大了，不说远的就说成宝生他哥吧，人家在青岛买了大房子，家里也盖了300平方米的3层小楼，每次回家都开着小轿车，大包小裹地往回拿年货，一看这些我的心里就犯堵。我不是嫉妒人家，我是羡慕人家，谁不希望自己的兄弟姐妹过得好呢？但是相比之下我就会有自卑感，觉得自己差太远了。

还有，背井离乡的思乡之苦也挺折磨人的。身边没有亲戚朋友，有点什么事都得自己想办法，身边只有客户、供货商，全是金钱关系，一点亲情都没有，寂寞的时候只好和几个老乡打打牌、喝喝酒，算是仅有的一点娱乐。”

每当谈到这些的时候我就会劝他们：“那是他们在外面混的年头多了，他们的年龄大了，所以他们外面有朋友，有经商的经验，等你们到他们那个年龄，他们现在有的你们都能有，而且将远远超过他们。”

现在怎么样？不是应验了我的话吗，现在成宝生和秦菊不是什么都有了？是吃了一些苦，但是和眼前拥有的这些甘之如饴的幸福比起来，那算什么？

家和万事兴

然而，小两口在外面混，难处还不止上边说的那些，家庭矛盾也会在生意不顺的时候乘虚而入。

2005年，生意刚刚有了起色，后院开始起火。

秦菊长相漂亮，性格开朗，笑阈比较低，不大的事进了她的耳朵，她也能哈哈笑半天，而且那笑声特灿烂，引人注目。这说明这孩子思想比较单纯，没有什么不正常。

但是偏偏有一些不正常的顾客，他们被秦菊的美丽和笑声所吸引，经常给秦菊发送一些无聊的骚扰短信。秦菊心里坦荡，看了这些无聊的短信常常是一笑置之，有时候还把短信拿给别人看，当成一段笑话。

可是成宝生受不了啊，有时候秦菊不在，电话放在桌子上，嘟嘟嘟短信来了。成宝生一看那些乱七八糟的短信就气不打一处来。有一次秦菊正看短信呢，成宝生夺过来竟然啪地把电话摔在了地上，电话立刻粉身碎骨。其实这就是成宝生的不是了。咱是做生意的，免不了要往外发一些名片，名片发送得越多，咱的生意肯定越多。这些顾客的脑门上也没有贴什么标牌，谁知道哪一个是不着调的色狼？谁知道哪一个是乱发信息的讨厌鬼？他愿意发随他发好了，咱不理睬他不就得了？你发你的短信，咱做咱的生意，你成宝生何必认真呢？

摔碎的是电话，但是秦菊的心似乎也一同被摔得生疼，秦菊不干了，人家不和你成宝生玩了，抬屁股回到了吕四港镇。这回成宝生毛了。开始成宝生以为秦菊不过是玩玩，也许在宾馆酒店小住个三天五天的就回来了，哪想到秦菊一竿子回娘家去了。

这边的生意放不下，那边的老婆也放不下，左右为难之际，成宝生只好硬着头皮给老丈母娘打电话，老丈母娘这才知道女儿回家的来龙去脉。当娘的哪能看着小两口家庭不睦，于是岳父岳母一起陪女儿回大连，总算把后院这把火扑灭。

漂亮不是罪过，但是常常招来麻烦，现在这年头什么样的顾客都有，因此秦菊的美丽常常让成宝生产生一些心理上的紧张感。这事挺麻烦，咱不能因为客户的几句笑话、一条短信就和顾客闹翻，但是还就有一些不要脸的家伙总是恬不知耻地找事。不能和顾客发脾气，成宝生只好把气撒在秦菊身上。秦菊又是一个比较倔强的女子，她想了：我又没毛病你老跟我过不去算什么？就这样，两个人经常干仗，那一年两个人做生意的精神头都没有了，全用在打仗上了，生意一落千丈。

小两口在一起做生意，吵嘴是再正常不过的事情了，两口子在一起都这样。比方说，你老婆和驾校的教练学车学得挺好的，但要是和自己的老公学车，不到两个小时两个人准干起来，这是通病。两个人太熟，越熟越容易干仗，不熟悉的反而客气起来了，彼此倒不容易打仗。

但是老干仗也不行，伤和气。把精力都用在打仗上，还做什么生意？撇家舍业，背井离乡，图个什么？不就是为了赚钱、养家糊口吗？秦菊想来想去终于下了决心：“干脆你干你的，我干我的，省得我们一天在一起净打仗。”就这样，秦菊在外面租了一个门市房，两个人开始各自为政。

很多事情想起来容易，做起来难啊。一个女人又是接货、又是卖货、又是维修、又要结算，连个帮手都没有，生意就那么好干？但是话说回来了，世上无难事，只怕有心人。说是不容易，可一个人真用起心来恐怕也没有想的那么难。有维修的活老公那边派手下人把活取过去，修好了再给秦菊送回去；需要接货的时候老公那边派人去，接过货来再送到秦菊的店里；需要出去送货的时候，秦菊的老娘到店里照看一会儿就行，也不耽误多少事。就这样苦撑了两年，秦菊的老爸老妈不干了：你们小两口倒是赚了大钱，我们老两口受得了吗？家里还有老娘要照顾呢！再说一天除了做三顿饭，闲下来的时候秦菊的老爸要跟着修电动工具，老妈要跟着照看生意，毕竟60多岁的人了，受不了。

这样干了两年之后，秦菊也感觉人累，每天忙得焦头烂额的，一点心情都没有，曾经稚嫩白皙的面庞被生意弄得满是沧桑；秦菊的老爸老妈也跟着受累，头上不知不觉间增添了许多白发；加上那两年房租不断上涨，一样的生意花着两份房租，大家还都弄得两头忙活，不上算，秦菊这才鸣金收兵。两个人的战争经过两年的冷却也化干戈为玉帛，毕竟两个人都不再年轻了，而且家庭给人的温暖要多于烦恼。两个人帮衬着，互相照应着比一个人单枪匹马要轻松多了。于是，生意归到一起，两个人把劲也使到一处，全身心投入到生意上。想不到生意和到一起之后，好得不得了，那钱像雪片一样飞到他们两口子的口袋里，最近这两三年的生意更像开花的芝麻，一年好过一年。两个人的感情也随着生意的顺利而日渐转好，每天像喝了蜜一样笑个不停。

这就是家和万事兴，到什么时候夫妻两个都是要讲究个和气生财，后院要是一起火，那生意没个好。

9万块砖头的故事

刚到大连的第3年，就在距离成宝生电动工具维修铺不到一里地的地方，起来一个楼盘，每平方米的价格1700元钱，一套70多平方米的房子才十几万元钱。一起做生意的刘刚买了一套，首付30%，3万多一点，按揭20年，每个月的月供才500多元钱，正好和租房的房租相当。住上10年20年的，和租房子相比那不是正好多赚了一套房子吗？

我当时就劝成宝生和秦菊买一套。当时他们手里应该有了十几万元的积蓄，可是攥在手里就是舍不得往外拿。也是，那时候他们的生意刚见起色，赚点钱不容易，还想着扩大再生产，所以房子虽然有需求，但是迟迟下不了购买的决心。其实秦菊是想买的，这一头那一头的看了不少地方，但是成宝生不太想买。一次大家在一起聊天的时候，秦菊嘻嘻哈哈地说出了问题的根本：“人家成宝生在家把9万块砖头都准备好了。”

我问：“怎么，想回家建房子？”

秦菊说：“对呀。当初要不是为了把那9万块砖头变成一幢三层小楼，也许我们还来不了大连呢！9万块砖头搬回家了，宅基地也批了，建房子的钱却拿不出来，我们俩一跺脚就来到了这里。”

“既然出来了，就应该在这买房。回家建房那能住几天？一年在外边350天，回家不过就半个多月的光景，弄一个大房子戳在那里，时不时地还要有人去照看照看，打扫打扫，何苦呢？成本太高。依我看，你们不如省下那笔钱在这里买一套楼房，回家过年那几天住宾馆你都合账。”

成宝生用典型的上海话说：“那砖头怎么办呢？”

“现在砖头也涨价了，就当你囤积了9万块砖头，卖了不也小赚一笔吗？”

……

转眼过去了五六年，2006年全国的房价突然来了一个鲤鱼跳龙门，大连开发区的房价也由2000元左右跳升到5000元左右，三四千元一平方米的房子突然就没有了。

然而，就是这个档口，成宝生和秦菊夫妻突然来了一个大手笔，他们在门市附近买了一套80多平方米的房子，每平方米4800元，40多万元一次付清。

紧接着，买完房子的年底，小两口花16万又买了一台别克凯越轿车。凯越开了不到两年，小两口就以10万元的价格处理掉了，又买了一台深蓝色的RVA-4丰田大吉普，那才叫气派呢。

最近小两口又开始四处转悠开了，想要买一套学区房。孩子来大连的时候才3岁，转眼已经到开发区8年了，女儿可可也由小姑娘变成了大姑娘，4年级了，说话就要上初中了。秦菊底气十足地说："先准备一套学区房放那儿，省得上初中的时候弄得措手不及。"

都说现在的生意不好做，也的确是不好做，但是你看人家小两口，身后背着沉重的债务，怀里抱着3岁的孩子，不过打拼了七八年的功夫，已经拥有了几百万元的资产，3岁的小毛孩子也转眼之间成了一个水灵灵的大姑娘。让人羡慕啊。

那天，我和成宝生聊天，我问他："怎么样，现在什么都有了，生意也逐步走上了正轨，不想回家了吧？"

"还想回家，那9万块砖头还在那里等着呢，现在有钱了，明年就想把房子盖起来，说实在的，这么些年一直没盖，那是手里没钱。盖起来倒不一定能住上几天，但那是咱们成功的标志啊！出来这么些年也算对自己有个交待。"

"盖完房子之后呢，还有什么打算？"

"盖完房子看一看，如果生意做得好，我想回家建厂，把生意搞大，像现在这样并不是我的最终目的，建个自己的工厂，把自己的产品推向全国，那时候就是坐在家里数钱了。

“我们吕四港镇有两个大的电动工具生产商，一个叫国强，另一个叫东成，产品全部出口，供不应求，咱倒不一定能建成那样的大公司，但是回去给他们搞个配套什么的也比现在这样强啊。总得给自己造一个梦啊！”

“那为什么现在不回去？”

“现在实力不行啊，等有了实力才能回去啊。”

……

这就是成宝生让我佩服的地方，他就没有满足的时候。

这就是我的辩证法

4 培拥军

出生于大连市金州区亮甲店。商海中几度沉浮的冲浪者，永不言败的创业者。11岁开始骑自行车卖冰棍，17岁开始在街边练摊，卖过花、照过相，开过饰品店、食堂，目前是大连开发区源泰货架商行经理。

最高兴 2001年7月14日，北京申办2008年奥运会成功的第二天，成功策划了“诗云饰品店支持北京2008奥运会签字销售活动”，当日净赚5万元。

邮　箱 pei.yongjun@163.com

电　话 13322261038

一个年轻的老商人

谁的买卖做得好其实都不是偶然的，就说我朋友小培吧，为什么能把自己的鲜花店开得那么红火？知道吗，这小子11岁的时候就已经骑自行车卖冰棍了。小培的全名叫培拥军，家在金州的亮甲店，家里孩子多，生活困难，不是说穷人的孩子早当家吗？人家11岁就开始卖冰棍，到17岁在沈阳念大专时，他已经是一个有6年经商经验的生意人了。

读大专的时候，小培做生意的瘾头子又发作了。最初他还只是小打小闹，跟过家家似的，每次回家之前从五爱市场买一些袜子、手套之类的小商品拿回家卖。因为平时从饭钱里省下个毛八分的，一个学期下来也攒不了多少，所以一次投资一般也就是七八十元钱。回到家里在街边蹲几个小时，赚个十块八块的，手里就多俩零花钱。

但是这样赚钱这小子嫌不过瘾，又一次放寒假，小培背着家里向几个同学借了500元钱，到五爱市场一下子全买了女人穿的袜子。背着一大包袜子从沈阳直奔大连，家都没回。当时青泥洼那一带数大公街摆地摊的最多，小培下了车连填饱肚子的功夫都没耽搁，直奔大公街。毕竟是第一次做大买卖，紧张。也没观察好地形，也没了解一下当时的风声，把各色袜子摆好之后他左顾右盼地张望起来，真奇怪，这都什么时候了，摆摊的怎么这么少？

正纳闷着呢，几个城管从背后杀了出来，把小培抓了个正着。

小培都吓傻了，一脸土色加一脸菜色。那是什么时候，是1991年，500元钱是他老爹在地垄沟里忙活一年的收入啊！如果这500元钱的东西一股脑被城管没收，小培能从中山路那个高架桥上跳下去。

小培哭哭唧唧地和城管商量：“叔啊，我是学生，你看这是我的学生证，我下学期的学费还没着落呢，这可都是我的学费啊，一双袜子就是一节课啊……”都什么时候了也没忘了贫嘴。

“……放了我吧，我给你买两条烟，行不，叔……”

城管绷着一个比鞋垫还难看的铁青脸叫嚷：“吵什么吵，拿着你的破袜子到边上站着去。”

小培拎着自己的袜子老老实实地站到了路边的马路牙子上，等候处理，肠子都悔青了。

城管并没有理睬小培这个像中学生模样的小贩，而是继续向前走了。小培不敢正视走远了的城管，他斜眼看着远去的城管，拎起自己的包袱撒丫子就跑……

这就是小培经商以来最早走麦城的一次危险经历。

□ 情人节的鲜花与愚人节的鬼话

小培的一个朋友早些时候在大连开发区开了第一家鲜花店，当时他们还不是朋友，同行是冤家，所以培拥军的花店刚开张的时候他们是“敌人”，成为朋友是以后的事。

培拥军的鲜花店是开发区的第二家鲜花店，但却是大连开发区第一个办理了工商执照的鲜花店，那是1994年的事情。

当时小培一心想当一个大厨，花了700块钱拿了一个厨师证，可是几个月下来厨师证一到手小培就腻味了，烟熏火燎不说，还汗流浃背的，也穿不出好衣服，人还被“绑”住了，一点意思没有。就这样，小培到大连开发区考察了一番，发现五彩城他朋友的那个鲜花店生意不错。再到大连市转一圈，颇有商业头脑的培拥军感觉这是一个非常有发展前途的买卖，于是决定在开发区五彩城开第二家鲜花店，与第一家鲜花店距离不到500米。这不是找着挨踹吗？

培拥军的判断是非常正确的，花店一开张就火起来了。小培说：“你说有多火吧？那时中国人的生活刚刚好起来，也刚刚学会过洋节。情人节那一天，我们一个小小的花店竟然赚到15000元钱，一天就把全年的房租赚回来了。那一天，10多个朋友过来帮忙还不够，还花钱从外边临时雇了4个人。买花的大姑娘小伙子都排成了巨龙一样的长队，卖到晚上弹尽粮绝的时候，一个买花的小伙儿忽然发现我脚底下有一枝“满天星”，我捡起来就卖给他15元钱，就跟捡钱一样。

“这只是零售，还有批发呢！当时开发区的很多大酒店，像银帆宾馆、东方大厦，都是我的长期客户，摆台、迎宾、节庆等活动，大批大批的鲜花生意蜂拥而至，那都不像捡钱了，像抢钱。”

这么赚钱的买卖做着，够人眼馋了吧？没想到好事总是成双，这小子在卖玫瑰花的同时还犯起了桃花。

培拥军在做卖花小子的同时还兼了一份照相的生意，那年头五彩城里随便租个地脚放一张桌子，脖子上挎一个照相机，就是小猫小狗一年都能进账十万八万的。颇有经济头脑的小培能放过这样的机会？所以他在卖花的同时在门口还摆了一个照相摊位，兼营着照相的营生，每天在门口“捡钱”。

那天，一个朋友的照相摊找了一个女模特想打几张样片摆到自己的摊位上。小培一眼就相中了这个模特，于是怀着不可告人的目的自告奋勇要帮朋友照相，就这样小培认识了这个叫彤彤的模特。当然了这模特是业余的，要是专业模特人家更说小培是那什么想吃天鹅肉了。反正那阶段小培的生意好，手里有钱，所以想尽办法巴结彤彤。毕竟小培上过大学，鬼点子多，也了解女孩子的心思，再说了人家是卖花的，所以每天弄出一些花花点子哄彤彤开心也是必然的。有时候弄一朵玫瑰花外边竟然套了七八个精美的包装盒子，像多么珍贵的礼物似的，等打开七八层纸箱子的时候，里面就一朵玫瑰花，就一个纸条："我爱你。"一般小女孩都喜欢这些浪漫好玩不实用的东西，而小培就懂这些。

但是，无论如何，彤彤就是不为小培所动。

要说钱多有时候也不是什么好事，小培的生意不是好吗？不是有钱吗？于是身边老是有一堆女孩子围在身边，像苍蝇盯臭鸡蛋似的，所以彤彤一直不敢答应小培，她总感觉卖花的小培满肚子都是花花肠子，是个花花公子。

但是小培的点子多的是。当时彤彤在她姨夫的一个公司里当会计，小培想方设法买通了出纳，让出纳给自己当卧底，了解彤彤的行踪。这边彤彤刚一出门，那边出纳一个电话就打给了小培，于是"凑巧"的事情在培拥军和彤彤身边经常发生。彤彤刚把液化气罐从屋里拿出来，小培的车"恰巧"停在她家门口；彤彤要去陪老妈上医院，这边刚刚下楼，那边小培"正好"在彤彤眼前下车……

就这样，费了十牛三虎之力，用了一年半的时间，经历了九九八十一次磨难，小培终于和彤彤走到了一起。可是好景不长，小培刚刚摸了一回彤彤的手，挎了一次胳膊，彤彤就不知在哪里听到了什么，又反悔了，无论培拥军怎么解释，彤彤就是不干了，没有原因。

那些天把小培愁的，差一点就一夜白了头。

实在没招了，小培就想了一个昏招。他花钱找了一个女孩装他新处的女朋友，他们两个挎着胳膊在彤彤家门前晃悠了整整一天，想刺激刺激彤彤，但是铁了心的彤彤却一点反应都没有。

愚人节那天，小培又想了一个损招。

那天小培的朋友突然给彤彤打电话："彤彤吗？你赶快去看看小培吧，自从你和他分手之后，他一直挺消沉的，刚才我们在小培家劝他，也不怎么说到了痛处，这小子到厨房一刀把自己小手指给剁下来了，说留个记性，以后再不招惹女人了，太让人伤心了……”

彤彤哇地一声就哭了：“他怎么这么傻呢，现在怎么样了？”

“刚刚从医院回来，接上了，在家躺着呢。你快来看看吧，他还不让我们告诉你呢，别说我说的。”

彤彤去了，哭得像个泪人似的。这场风波之后两个人终于尽释前嫌，小培第二次摸了彤彤的手，第二次挎起了彤彤的胳膊，其余还干了什么我就不知道了，咱当大哥的也不能啥都问啊。

小培的手指7天拆线之后彤彤看了非常惊讶：“小培，你这手指在哪接的，怎么一点伤疤都没有？”

小培笑了：“愚人节的玩笑你也当真啊？我会那么傻吗，我怎么也不能让你找一个残疾人啊！”

把彤彤气得咬牙切齿的：“你小子尽跟我玩邪的……”一边说一边用拳头捶小培的后脊梁。小培只是嘿嘿地傻笑，任那雨点一般的小拳头在后脊梁敲打，小培感觉就像给他挠痒痒一样地舒坦。

有一天小培问彤彤：“和我分手那段时间，有一个星期天，我领着一个漂亮小姑娘，还挎着她的胳膊在你家门口转悠了一天，你怎么一点反应都没有？”

彤彤想了一会儿，哈哈大笑：

“好像谁跟我说过这事，那天我加班，根本就没在家。”

气得小培直翻白眼。

少年得意不是福

鲜花店的成功以及爱情的胜利将培拥军的喜悦推到了顶点，他甚至有一种飘飘欲仙、舍我其谁的感觉。

但是，生意好不能是永远的，最好的时光也就3年。你小培会复制，他人也会复制。一时间鲜花店遍地开花，销售额减少了，销售价格下降了，利润摊薄了，但是，毕竟小培抓住了机遇，赚得了他人生的第一桶金。

小培开始琢磨转行的事情了。

“靠，我怕谁，咱干什么不赚钱？不是说做品牌服装赚钱吗，咱就开它几家品牌店，你看看昌临大厦里那几家做服装的，根本就没什么档次，我要是做服装，用不了半年肯定成开发区老大。”

就是在这种思路的引导下，小培选择了一条错误的路线，而且在错误的道路上越走越远，把鲜花店赚的那点钱一下子砸到了服装上。要不怎么说骄兵必败呢，这绝对是有道理滴，要不现在怎么提倡挫折教育呢，这也是绝对有说道滴。

小培没有像做鲜花店那一次那么谨慎，也没进行认真的考察、分析，忘乎所以地一下子在大连开发区开了3家服装精品店。当时开发区的建成区也就有10多平方公里，区内只有十几万人口，根本没形成消费规模。再说了当时整个国家都在摸着石头过河呢，开放搞活也只是在几个特区、开发区先试一试，你小培显什么大眼，一下子开3个服装精品屋？还是短练。

首先，小培是冷手抓热馒头，一个卖花的，根本没有开服装店的经验，首先你得积累经验，等经验丰富了再扩大，不能急功近利。

再说了，你先开一个店尝试尝试水的深浅，也许还真能干成，就一个店咱也顾得过来，精力也充沛。赚钱咱就继续干，不行咱就抽身隐退，船小好调头，你一下子开3个店不是自讨苦吃吗？

小培辛辛苦苦卖花4年，赚了100多万，虽然是一个挺大的数字，可是要平均摊在4年的1500多天里，其实一天平均也就赚六七百块钱，一枝花也就赚个两三元钱，容易吗？然而赔钱却比赚钱容易得多，不到二年的功夫，手里只剩下了一套60多平方米的住宅，100多万赔了个精光，3个服装精品店全变成了服装垃圾店，彻底黄摊。你说吧，140元钱一条进的裤子卖40元钱一条，一下子就赔进去30多枝玫瑰花，能不赔吗？

常言说得好：由俭入奢易，由奢入俭难。

想当年卖花赚钱那功夫，小培和彤彤几乎把大半个中国都走遍了，两个人最大的爱好就是旅游。小培又是一个特别惯媳妇的主，他说了："用一年半的时间好不容易追到手的，咱得珍惜。"所以彤彤在小培面前那简直是要风得风，要雨得雨，要星星小培就得搭天梯。不愿意在家吃饭咱就下饭店，买回来的衣服不愿意穿了咱就换新的，想出去散心咱就去旅游。

现在不行了，花店没了，服装店赔了，小培蔫了，彤彤也傻了。

所以古人说：少年得意不是福。如果培拥军不是初中一毕业就上了大专，如果没有鲜花生意的100万元利润，如果彤彤不相信培拥军的愚人节鬼话，也许培拥军在人生道路上欣赏到的完全是另外一番风景呢。

然而，人生没有假设，培拥军重重地摔倒在地，他还能重整旗鼓东山再起吗？

昙花一现的东山再起

挣过大钱的人，能闲得住吗？在家待了一段时间之后，小培和彤彤又琢磨了一个买卖。要不怎么说小培有经商的头脑呢，你看人家选这项目，就是非同寻常。

这次他代理了上海诗云水晶饰品店的一种饰品。什么饰品呢？说起来还挺复杂的：诗云饰品店为代理商提供水晶和玉石颗粒，都是比小米粒还小的颗粒，颗粒中心有一个小孔；诗云饰品店在提供水晶和玉石颗粒的同时还为代理商提供丝线和编制图案，代理商经过培训之后，可以把这些水晶和玉石颗粒穿在丝线上编制出各种各样美丽的饰品。

小培一次性购买了10万元钱的商品，取得了辽宁地区的代理权，然后再花3万元钱租了一个小店面，生意就算开张了。让你想象不到的是，就这13万元小培都拿不出来，曾经的百万富翁啊，竟然落拓到如此境地。他自己只拿出了5万元钱，另外8万元还是合作伙伴出的。生意一开张就获得了意想不到的成功，这是一种独一无二的新鲜买卖，诗云饰品销售异常火爆。

饰品卖得最火的时候，店里雇了8个服务员，专门负责辅导顾客如何把水晶、玉石颗粒编制成各式饰品，同时小培背着一个背包跑遍了辽宁省的各个市县，发展了14个分销商，每个分销商每年交1.5万元独家代理费，所有材料由小培统一供货。你算算，14个分销商一年的代理费就是15.5万元，把当年的投资一下子就赚回来了。再说小培在供货的时候还扒一层皮儿呢，他自己还有两个零售店呢，咱别提生意有多好了。

小培简直是一个销售奇才，善于捕捉战机。2001年7月13日，北京申办2008年奥运会成功，小培马上意识到这是一个极好的销售时机。第二天他就在自家门前搞了一个支持北京奥运会签字活动，他买了一匹红布铺在地上，店面的大门上方打出了一个横幅，上书："诗云饰品店支持北京2008奥运会签字活动"一行大字，活动规定：在红布上签字的顾客可获得一张5元钱的免费购物券，签字者经商店经理确认后即可到室内兑现。

横幅一拉出来，小培的门口立刻人山人海地聚集了无数蹲在地上签字的消费者。中国人有从众心理，又喜欢看热闹，再加上是支持奥运的免费获赠活动，好家伙，那一天一匹红布上密密麻麻地留下了几千人潇洒的签名。

周围的商店不胜其扰，都骂小培："纯粹是傻子，奥运会和你有什么关系，闲的？一个人赠5元钱，一天不扔出去万八的，真是有钱烧的。"

小培听了邻居们的话嗤之以鼻："都是饭桶，你们以为奥运会是单纯的体育之争啊，那是政治之争，经商的不懂政治那才是傻子呢。"

第二天，当那些邻居们听小培的服务员说"昨天一天诗云赚了5万元钱"的时候，那些说小培傻的人都张大了嘴巴，他们似乎变成了更大的傻子。他们哪里知道：每舍出去一个5元钱都为小培赚来好几个5元钱。因为5元钱并不能购买一个完整的饰品，大家手里握了一张免费的5元券，不花吧舍不得，花吧又没有别的选择，而诗云的饰品又是一个新鲜玩意，所以那5元钱倒成了顾客咬在嘴里的一个诱饵。

因为小培的成功运作，上海总公司都为小培惊人的销售业绩而震惊了，老总亲自从上海飞临大连，学习小培的大连经验，并把小培的经验在全国的代理商中推广，同时给了小培很多独一无二的优惠政策，诗云饰品的生意以非常迅猛的态势向前发展。

然而，就怕然而。然而，好花不常开，好景不常在。

由于一些私人原因，在生意最火爆的时候，小培和合伙人的合作被迫终止了，东山再起成了昙花一现。亲属在一起合作总是这样，没有合同和协议，散伙的时候扯出来的都是伤感情的东西，再说了感情在金钱面前总是苍白无力的，最后总是以大家的金钱和感情一同受到伤害而宣告结束。

小培忙活了近一年，转了一个圈又回到了原点，手里拿到的还是当初那5万元钱。自己好不容易张罗起来的诗云饰品店拱手让给了合作伙伴，与自己一点关系也没有了。

□ 换个频道试试

几次失败让小培有些伤心，自信心受到了极大的打击，好长时间没再琢磨做生意的事情。就在这个时候，小培在报纸上看到了一则大连电视台招聘采编人员的广告。小培想了：做生意不行，咱为什么不换个频道试试呢？就我这三寸不烂之舌，不正好当个电视台的采编吗？

牛刀小试，小培名落孙“三”——录取3人，小培排在第4。

小培哪肯服输，毕竟在生意场上摸爬滚打了这么多年，我怕谁啊？小培单枪匹马找到了电视台，和负责招聘的头头好一通忽悠，负责人竟然被小培给侃晕了，破格录取了这个第4名。一个卖花小子、服装贩子摇身一变成了电视台的采编，不是大变活人吗？那是2002年的事。

啥采编？说好听一点叫采编，其实说白了就是一个拉广告的。电视台给你发一个好看的牌牌让你挂在胸前，然后你拿着这个牌牌到企业去拉广告，拉回来广告自己先编辑成初稿，然后交给电视台的真正编辑，最后导演、制片人审核、播出。所以，所谓采编，其实就是一个跑广告的业务员。

小培的第一个客户是金州的一家大型建筑公司。小培有韧劲，一连往这家公司跑了3次，再一次发挥他善于忽悠的优势，把这家公司的办公室主任弄得晕头转向的，最后实在没招了，问培拥军：“你想没想过跳槽？”

此话一出，培拥军一愣，好半天才回过神来，心里想，我是电视台的采编，小牌往脖子上一挂，多牛，为什么要跳槽？“不跳。”

办公室主任说：“我们这里的待遇可好啊，我让你当销售经理，一上任马上给你配车。就你这能说会道的本事，上我这保证你每月的收入比现在翻一番。等你把销售公司的业绩做上去了，我们给你买房子……”

还不到30岁呢，哪禁得起这么忽悠？第二天小培就进了这家大型建筑公司，这事说明小培忽悠的功力还是差一些火候，没说动人家，倒让人家给收编了。

当时小培还没有驾驶证呢，但是人家说话算数啊，小培一进公司领导就给他配了一台桑塔纳。那劲头，人家就是当时给他卖了，他都能替人家数钱。

小培的首要任务是推销公司新建的搅拌站生产的混凝土。

自己家本身就是一个庞大的建筑公司，规模大别人自然就要眼红，而混凝土的销售对象又只能是其他的建筑公司，别说你没去人家公司推销了，其他建筑公司看到他们搅拌站的名字心里都恨得直痒痒，同行是冤家嘛，所以小培面前的困难还是蛮大的。那天，小培不知天高地厚，去到某某八局推销混凝土，人家那个项目负责人开口就骂起来了："你有病啊？要饭要到我这里来了，滚滚滚……"

小培吓得扭身就走，真和滚出来的差不多。就是这么难，然而小培知难而进，在他的带领下，当年搅拌站就完成了500万元的销售额，第二年就突破了1000万元的大关。小培心里还筹划着怎么装修公司奖给自己的大房子呢，年底的时候领导说了："今年公司整体效益下滑，房子也许要等明年再说了……"

有两下子的人脾气都大，你们说话不兑现，不讲信用，我不伺候你们了呢，小培一甩手走人了。

从搅拌站走了之后，小培又在一个合资企业承包了两年食堂，最后也没坚持到底。

庄稼不收年年种这是对的，但是你首先要找到不收的原因，不能像一个无头苍蝇，乱冲乱撞的，那不行。

做生意、干工作仿佛挖井，你要在一个地方深挖，什么时候见水什么时候才算成功。你不能东边一下子西边一下子那么干，总的工作量是干了不少，但是却总看不见水，那不行。

比马里亚纳海沟还深的感触

毕竟，那都是年轻时候的事情了，如今小培已经38岁，孩子也11岁了，他成熟了。现在他又选了一个新的经营品种——货架，包括超市货架、仓库货架、书架，有不锈钢的、塑料的、喷塑的、百变的，应有尽有。刚做这门生意的时候异常清淡，在开发区跑了一年一笔生意都没成。但是小培吸取了以往失败的教训，决定在一个地方把坑深挖下去，不见到水绝不收兵。他不仅在地面上一家一家地挖井，而且在英特网上做了很多推销工作，还花钱做了广告。4年下来，效果出来了。现在小培的货架销售堪称大连开发区第一，不仅销量第一、质量第一，而且知名度也第一。那天一个合资企业的经理来买小培的货架："你知名度挺大的嘛，我在百度、谷歌、慧聪三个网站搜索开发区货架，你都是排在第一位。"

小培笑了："那是。"

……

那天我问小培："你对将来有什么打算？"

培拥军是一个善谈的人，话匣子一打开想关都关不上，本来我想让他讲一讲自己对未来的打算，这小子的话匣子一打开却离题万里："咱俩再聊10块钱的，我跟你先说一个我朋友的故事，就是那个开第一个鲜花店的朋友，我感触老深老深了。"

"比马里亚纳海沟还深？"

"比马里亚纳海沟还深！真的。"

"朋友叫什么名咱就不说了，前天死的，才48岁，身家至少也有三四千万，有什么用？活着，老婆孩子热炕头，平平淡淡地活着，其实就是最大的快乐，最大的成功。

“朋友2004年检查出的肝癌，从那时开始，人整个就变了。过去上饭店如果遇到朋友，肯定给人家埋单，让服务员告诉一声朋友自己就走了，连招呼都不打。检查出肝癌之后，整个人变抠了，好像全世界都欠他一样，朋友全得罪了。临死的时候名下有四五处门市房，海边一块地花80万买的，现在动迁了，赔偿一千多万，家里大吉普小轿车就四五辆，能开阎王爷那去？顶多给你烧两个纸车纸马就不错了。

“出殡那天老悲惨了，那么有钱一个老板，就20多人送行，过去他身边八九十号要好的朋友，像走马灯似的，天天请人下饭店，就是走得比较近的朋友也有三四十号，这几年整个变了一个人，脑子里只想着钱了，把朋友亲属全得罪光了，结果怎么样？昨天遇到一个朋友，我问他，送葬那天怎么没去？朋友说了：‘我还有必要去吗？’很明显，一点感情都没有了。出殡那天到场的20几个人，七八个亲属，还有七八个是他儿子的朋友。

“今年还揽了一个700多万的大工程呢，少说赚200万，有什么用？”

……

“我也风光过，我和这个朋友一起在五彩城开花店那功夫，彼此干得都差不多，花店生意不行的时候他小子脑子转得快，生意转型转得好，结果把我给落下了，但是我现在也不后悔。像我现在这样挺好，生意虽然不大，但是也有车有房，夫妻恩爱，小儿子也挺招人喜欢，我们三个一天老高兴了。我和老婆、儿子说了，多赚钱不是坏事，但是无论赚多少钱都要保证我们一家三口的快乐、幸福、健康；任何时候都不能服输，但是任何时候都不能不知足，在奋斗的过程中享受美好的生活，那多有滋味……

“你问我将来有什么打算，我儿子也问过我，我和儿子说过，老爸什么时候都不服输，但是老爸什么时候都知足。这就是我的辩证法，这就是我奋斗和知足的辩证法。等生意再上一个层次，我就想把生意交给别人去打理，我还领老婆旅游去。”

别看培拥军年龄小，人家懂得进退。有一篇文章介绍，说所有人都是被贪婪累死的。所以，在此我还真想劝劝大家，学学小培的辩证法，见好就收，省下一些时间去享受生活。

雕刻寂寞的“大师”

5 郭庆凯

54岁，铁岭人，赵本山的老乡，木匠出身，后来学会了书法、绘画、雕刻，想走齐白石走过的成功之路，结果一直不得其门而入，转而投身商海。费尽九牛二虎之力，终于在商海掘得第一桶金，使家庭步入小康水平。现正在一个没有水、没有电，也没有老婆暖被窝的临时建筑里雕刻“寂寞”。

最喜欢｜绘画、书法、雕刻。

电　话｜0411–39629582

从兔子不拉屎的地方说起

很早就想和老郭聊一聊，一直找不到他的行踪。那天我正在办公室里坐着看街边的风景，突然，老郭眯缝着他那双聚光的小眼睛，笑眯眯地闯进了我的视野。

我把采访的事情和老郭细说了一番。

老郭说："采访我倒行，你得上我那去，你这里人太多，老打断我的思路，那就没意思了。我是没干出什么大事业，但是自从来大连到现在，我吃老了苦了，我要和你说起来，能说一火车。你那么地，到我那看看，我那工作室里老了玩意了，咱们一边看一边聊。"

就这样，我开着车向老郭的工作室驶去。七拐八拐，几脚油门踩下去就出了城区。

"再走可就上大黑山了？就你这工作室，在这么偏远的地方，你的作品再好也没人能找来呀？"

"那倒不是问题，我拿到星海会展中心可以参展啊，每个星期六华宫有一个旧货市场，我还可以上那去卖呢。"

"现在已经没有路了，还怎么走？"

"右拐，进这个胡同。"

"你待的这是什么地方，这都是土路了，已经在大黑山脚下了。"

"天下美景多在险远之处，没听说吗？再左拐，好，就在这堆土前面停下吧。"

"你可真行，躲在这么一个荒郊野外修行，这什么地方？蒿草丛生，连个道都没有，兔子都不拉屎的地方。"

“原来有一个小道，后来让建筑公司这两堆沥青给堵死了，咱们翻过这堆沥青大山就到我的工作室了。”

“你眼前这两堆沥青我感觉比愚公门前的太行王屋二山都大。”

“别胡说了。”

下了这个堆得高高的沥青山，下面果然有几间用土坯垒成的小房，能有60多平方米。房子很破很旧，没有任何粉饰、装扮，门前的杂草已经一人多高，没有任何修整过的痕迹。

这60多平方米被平均分成了3份，第一个房间是工作间，老郭的各种作品非常散乱地搁置在各个角落，中间的屋子是睡觉和休息的地方，最后一个屋子放了两个不新不旧的沙发，一个放资料的柜子，还算整齐，但是看上去比较简陋。

我说：“老郭，你家不是买了一套90多平方米的楼房吗，现在怎么说也值个百八十万了吧？你怎么在这里受罪？连个电都没有，出门也没有公交车和出租车，冬天冷得要死，夏天能把人热昏，你是不是有点闲大了，想过原生态吧？”

“这不正好可以修身养性搞创作吗？”

“这什么破地方，没有水、没有电，也没有老婆暖被窝，你也真能呆住？你老婆来没来过你这破地方，她不怕你在这荒郊野外金屋藏娇啊？”

“谁跟我？我们家的财政大权都在王艳手里，我啥也没有，你不是说了吗，兔子都不拉屎的破地方，没娇让我藏啊。”

赵本山的老乡，齐白石的经历

老郭的全名叫郭庆凯，今年54岁。老家在一个“特别大特别发达”的大城市——铁岭。

“和赵本山是老乡？”

“我认识他，年年见他，他不认识我。”

郭庆凯早年的经历与齐白石颇为相似。

他原来是一个小木匠。因为干木匠活的时候，经常需要画个山水人物、雕刻个花鸟鱼虫什么的，每到这个时候他就得找会画画、会雕刻的朋友帮忙，当然不能让人家白帮忙，所以自己的收入就大打折扣，于是老郭决定自己学绘画、学雕刻。

还好，28岁开始拜师学艺，经过3年的努力，绘画、雕刻的功夫还真让这小子学到手了，各式各样的家具，从设计到制作、绘画、雕刻、喷漆，一条龙的手艺都让他一个人包了。到后来，绘画和雕刻的水平日渐提高，木匠活倒成了他的副业。

由木匠变成了绘画雕刻的，这是本质上的转变，也是社会地位的转变，是由工匠到艺术工作者的转变。以前是干活的，现在摇身一变成了艺术人，身份的转变必然带来心情的改变。

然而，艺术毕竟不能当饭吃。的确，木匠在学会了绘画、雕刻之后，作品的质量有了本质的提高，手里的活儿也是干不过来的干。但是，老郭的心里却技痒起来，开始对自己的木匠活有些不屑了，渐渐地他搞起了门面装修、牌匾制作、写字、刻字，这些活不仅轻松、体面，而且艺术含量高，更像一个真正的艺术人。加上老郭当时上进心特别强，特别勤奋，进步特别快。他设计的牌匾、刻的字都别具一格，拿东西往门前一挂，让人眼前一亮，跟别人的就是不一样，当时他还没开门市呢，找他干活的人已经络绎不绝了。

1989年，老郭开始正式支摊——成立了自己的美术社，牌子一挂出去，美术社立刻就火起来了。渐渐地，老郭在当地成了一个名人，慕名而来的可以说是车水马龙。就怪老郭生不逢时，再不就是没有享受到地利之便，要是他也在北京混，说不定也成腕儿了。所以，老郭有点飘飘然了，觉得自己是一个真正的艺术家了，感觉铁岭这个大城市似乎有点太小，水也太浅，有一种英雄无用武之地的感觉。

老郭说了："铁岭太小，我离开那儿的时候铁岭还没变市呢，那时候叫铁岭地区，城区的人口可能也就30多万，以煤矿工业为主，没啥发展。90年代那功夫，我一年能赚2万多元钱，但是那时候的2万元能顶现在的20万，那时候我们铁岭的楼房一平方米才几百元钱。"

虽然他是木匠出身的艺术人，毕竟也是艺术人，所以郭庆凯的浪漫思维能力和艺术想象能力还是比较发达的。经过一番考察和思考，他做出了一个重大决定：离开铁岭，到大连发展。这一走，走出了一肚子的故事。

第一次栽跟头

1993年1月30日，正好是正月初十，老郭只身一人闯到了大连，当时他36岁，已经是两个孩子的父亲了。老郭为什么把这个日子记得这么清楚呢？因为郭庆凯的老丈人是正月初八的生日，他在家给老丈人过完生日，又准备了一天，初十才背起行囊背井离乡来到大连。

最初，他在大连动物园门前的大公街给人打工，干了两个月。那时候大公街是大连市的装饰材料市场，一左一右的生意都被大公街给带起来了，买卖特别好做。所以两个月之后，老郭就把大连的一些情况摸得差不多了，他在大公街附近的小区租了一个住宅改造的门市房，"就在现在的人民保险公司后身，房主姓王，是个盲人，房租一年7000，半年交一次房租，挺好。"

郭庆凯开始接活儿了。

“开始我都没办工商手续，那家伙生意好的，3个月的功夫我就赚了1万多元钱。”

老郭接着说：“我一看生意这么好，赶快把老婆孩子接过来吧，好让老婆帮我一把啊。”

当年的6月16日，老郭把老婆孩子接到了大连。为了能接到更多的活儿，老郭在劳动公园东门又租了一个门市，还特意把自己的外甥，也就是郭庆凯二姐的儿子接到了大连。郭庆凯的老婆和他外甥在劳动公园那个门市，郭庆凯一个人在大公街这个门市。

活该郭庆凯倒霉。二姐家这个孩子嘴上没毛办事不牢，不到半个月的功夫，这小子在大菜市认识了一个朋友，可能让人给拍花子了，或者是哪根筋搭错了，再不就是脑子进水了，他给老郭玩了一个不辞而别，和那个萍水相逢的朋友合伙在大菜市卖起了蔬菜。结果老郭在大公街这边忙活，他老婆在劳动公园那边忙活。老郭的老婆根本谈不了活儿，老郭只好两头跑，一天一天忙得脚不沾地，活儿根本干不过来。那天老郭累得实在不行了，到火车站找来了一个小伙子。老郭说：“我找那小伙儿的时候，一看他脸色煞白，就知道准是一天没吃饭，都要站不住了，是复州城的，二十四五岁。”

老郭说：“你跟我去干活吧？那小伙子二话没说就跟我走了。回到我那里，我给他炒了三个菜。小伙子还行，能配合我干活，挺有眼力。”

就这样，晚上老郭和老婆在劳动公园那个店看堆，大公街这个店就交给了复州城的这个小伙。真是知人知面不知心，老郭这么信任这个小伙，小伙却不买老郭的账！当天晚上这小子就把老郭店里值钱的东西洗劫一空，逃之夭夭了。老郭刚刚花1000多元给老婆置办的行头，还有一些值钱的工具都被这小子给拿跑了。

用人失察，没办法。也不敢再雇人了，只好把劳动公园那个门市给撤了。被复州城小伙偷走的东西加上劳动公园那个门市的房租，还有装饰门面的投资，一共损失了1万多元。刚刚赚来的1万多元，就这样付之东流，老郭元气大伤，追悔莫及。1993年，那时候的钱实成着呢，1万元可不是一个小数目。

倒霉的时候喝凉水都塞牙，就这个时候，老郭门前突然又冒出一个修自行车的老头，每天一大排自行车停在老郭门前，把他的门市堵个严严实实，不仔细看还以为这就是一个修自行车的铺子呢，根本看不出来是一个装潢店。自行车虽然堵的是门，其实比堵老郭的心还厉害，两个月下来一算账，比过去一个月的收入还少了一大截。就在这倒霉的时候，房租到期了，半年的房租3500块钱一时凑不齐了，房东说什么也要赶老郭走。

其实，老郭对这房主是有恩的，他曾经救了房主一命。

“那天晚上我刚刚睡下，房主老王忽然拼命地敲地板，还一边拼命喊，我一听就知道不是好事，穿着大裤衩子就过去了，老王说：‘我不行了，快给我儿子打电话。’我赶忙按着老王说的号码给他儿子挂电话，接着又急忙给120挂了一个电话，算是救了他一命。真没想到，救命之恩啊，3500块钱欠个仨月俩月的都不行，这老头子真赶不上他老婆，可惜我租他房子不长时间他老婆就死了，他老婆那人不错。”

就这样，人家活生生把救命恩人赶了出来。每每想起这件事老郭就联想起农夫和蛇的故事。

第二次栽跟头

老郭正愁没地方去呢，这个时候开发区老章突然来找老郭，让老郭给写几个字。老章也开了一个装潢店，但是自己的手艺不行，写字比鸡扒拉的还难看。当下听说了老郭的难处，觉得这是一个机会，就说："上我那干算了，有我吃的就有兄弟你吃的，咱俩挣了钱一人一半。"

老郭也觉得这是一个机会。两个人越说越投机，当下收拾收拾破东乱西，租个车跟着老章就来到了开发区。老郭和老章的合作就这么稀里糊涂地开始了。有稀里糊涂的开始，肯定就有稀里糊涂的结束，稀里糊涂的开始为稀里糊涂的结束埋下了可怕的伏笔。

无论对老郭还是对老章来说，这合作都是一碗热乎的萝卜汤，两个人喝得有滋有味，那叫新鲜！两个人把店面好好收拾了一番，几天后就以全新的面貌开张了。别看老郭办事不太靠谱，他干活的这两把刷子还真靠谱。在老郭的张罗下，店里的生意简直好得不得了，忙得他们一塌糊涂，手里的活儿像叫花子身上的虱子一样，越抓越多。都到年根了，那活儿还呼呼来，想停都停不下来，一直干到大年三十。老郭大年初一才买票回家，大年初二才回到铁岭。

干了将近小半年，回家的时候老章才给老郭拿了1000元钱。临回铁岭的时候老章还说呢："老郭，这半年把你累够呛，回家多呆几天，过了十五再回来，别着急。"

可是老郭在家里待了几天之后仔细地琢磨了一阵子和老章的合作，越琢磨觉得越不是滋味，再加上老婆以及大舅哥的七嘴八舌，他想起几件事来，越想越不对劲。

一桶油漆在别地方买才16元钱，那天老章在他自己儿子的五金店里拿的油漆，账单上却写的是23元钱，这一年得用多少油漆？老章多占多少钱？

那天老章说出去要账，不到20分钟就回来了，说摩托车上的后视镜撞坏了，花了100元钱。老郭一边想着一边到铁岭的大街上随便找了一个修摩托车的问了问，铁岭换一个后视镜才30元钱！再说了老章才出去20分钟，撞坏了摩托车，两个人不得争执一会儿？再找修理铺，再拆卸、安装，再回来，这一个一个环节没有1个小时都下不来，20分钟就完成了这一系列的过程？

还有，老章把自己家的20多幅破画拿到了装潢店，一幅画做账500多元，那破画根本没人买，把1万多元钱都做账里了，将来还不都算在两个人的头上？相当于老郭花5000元钱买了他10幅破画！老郭画的画不比他画得好？要他那些破画干什么！

这小半年可能让老章给灌了米汤，可能活儿太忙，老郭根本就没来得及思考这些问题，也可能有寄人篱下的感觉，不好意思想这些问题，反正在铁岭这段闲下来的时日里，这些事一下子都从大脑深处浮上来了。老郭越想越不对劲，正月初八给老丈人过了生日，初九准备了一天，正月初十老郭就领着老婆孩子回到了大连开发区。

进屋一看，就雇的那个打更小伙一个人在屋呢，老郭笑眯眯地用关心的口吻问："小韩，年过得咋样，老章都给你买啥好吃的了？"

小韩满腹牢骚地说："咋样？就给我买了一只鸡，天天白菜大豆腐。"

过了一会儿，老章回来了，进屋连一句过年话都没说，第一句话就说："哎呀老郭，这买卖倒不是你自己的，一个年你能过到初十，这边压老了活儿了。"

老郭也没接茬，一脸的不高兴，说："过年的时候着急回家，咱俩这半年的账也没算，这几天咱把账捋一捋，你不让我过了十五再回来吗？咱过了十五再干活吧，这半年把我累完了。"

老章一听这话的味道不对，二话都没说，"啪"地一声把账本扔过来了："这点破账有啥算的，花销多大你还不知道啊，你自己看吧。"

老郭一看这苗头就更不对了，也没吱声，捡起账本就看，进入眼帘的第一笔账就是给打更小伙小韩的花销：雇人打更伙食费230元，工资300元。老郭的火腾地就起来了，心里想：1只鸡加10天的白菜豆腐就能花230元？我干了小半年才给我1000块钱，一个打更的干10天薪水就是300元，好家伙，赶上我一年的三分之一了，这不是拿我当小孩耍吗？

不到半年的“蜜月”，当天两个人就闹了“离婚”。郭庆凯扛活半年，竟然闹了一个净身出户。

老章说了：“要钱？没有！”

屡败屡战

一点思想准备和物质准备都没有，突然像断线的风筝一样摔在了地上。又回到了原点，只好给别人打工，短工干了两个月，工钱也不好结算，这时候前关的房租也到期了，只好从前关的小平房搬到比前关更破的地方，在开发区东山果园附近租了一个临建房，一个月100元钱房租。没有了门市房，打短工又要不回钱来，家里有老婆，两个孩子也嗷嗷待哺，拿什么养家糊口？那段日子想死的心都有。想想在铁岭那阵子的风光，活都推不开门，找我老郭干活都得求人，现在竟然落到如此境地？

没办法，好汉不提当年勇。老郭开始往各个外资企业跑，揽一点小活干，勉强度日。不过这样的业务好在没有欠款，外资企业讲究信用；还有一个好处是不用门市，降低了费用；还有，也不用办执照，需要发货票的时候找个朋友象征性地给点钱就把问题解决了，把税钱也省了。老郭一看这是一个路子，于是就拼命地跑开了，活计渐渐地好了起来。就这么像打游击一样干了两年，总算又积攒了一点资本，于是老郭心里又长草了。

其实，老郭是一个很有雄心壮志的男人，只是机会总是不垂青他。有一次我们在一起聊天，我问老郭：“最近忙什么呢？”

老郭说：“考察呗，我想开几个大商场，像亚细亚那样的大商场。”

我说：“你有那么多资金吗？”

老郭说：“什么事你不都得琢磨，哪有送到嘴边的美味？别人能干咱就能干。最近我那木门卖得特别火，我想在其他城市多开几个店，逐渐扩大影响，将来再发展其他项目，开几个大商场也不是没有可能。”

老郭还是有想法的，虽然有些想法不怎么切合实际，那总比不想事的人强多了吧?

这不，眼下老郭手里又攒下了几个钱，于是他动起了脑子，又开始了新一轮的折腾。

老郭说：“这叫庄稼不成年年种，咱不能叫地闲着。”

但是老郭的老婆不这么说，他老婆王艳说：“老郭太不让人省心，手里有点钱就想折腾，要不是他穷折腾，我们家的日子早妥了。”

老郭首先在金玛二楼折腾了一个小房间，继续干自己的老本行，干了一年多，一直不太顺手，没赔着钱，但是也没赚到钱。搭进去两年的美好时光。

于是老郭再转战五彩城，在五彩城南门附近折腾了一块地方。这回老郭学精了，他发现了，干手艺不赚钱，想要赚大钱还得经商。于是在干老本行的同时，他开始物色新的财富增长点，在新的增长点没有走上正轨之前，老本行还不能扔掉。一边干活，一边考察，寻找适合自己的行当。这时候，他代理了杭州金迪的木门。

这么多年一直白玩，也该老郭发一发了。干门这段时间老郭捡了几个大便宜，算是捡回了事业发展的第一桶金。

在老郭的游说下，金迪门业有限公司给老郭一个特别优惠：给别人的供货都是成品门，但是给老郭的是半成品，这样老郭干起了老本行，额外又赚了一笔。组装一扇门可以额外赚20元钱的组装费，老郭原来就是一个木匠，组装一扇木门还不是手到擒来?

老郭租的那个门市房是一家国企大酒店，那段时间酒店的生意不太好，人都撤离了，于是委托老郭照看这个1400多平方米的大酒店。可好，这个大酒店竟然成了老郭的木门加工车间，干了两年一分钱房租都没交。

接着他不断扩大自己的业务，总算让生意走上了一个可持续发展的道路。

二三糗事

老郭是一个比较要面子的男人，有几件事挺典型，摆出来博大家一笑。

老郭无论什么时候腋下都夹着一个小包，头上顶着一个小礼帽，夏天的时候穿一件绸衫，毕竟是搞艺术的嘛，很有派头。有一次，一个朋友逗老郭："你天天夹着这个皮包，你也不抽烟，也没有手机，夹个包有什么用？"

老郭把眼睛一眯小嘴一咧："这是商业秘密，能告诉你吗？"

"里面是不是都是大票？"这朋友一把将那个小包给抢了下来，拉开一看大家都笑了：里面塞了几张旧报纸，啥也没有。大家都笑老郭，老郭也笑，他不急眼。

还有一次，我们几个有事找老郭，怎么也拉不开大门，从门缝往里一看，老郭穿个大裤衩子在1400平方米的房间里一个人跑前跑后地组装木门呢，满身的锯末子。我们使劲踹门，电锯的声音把踹门的声音全淹没了，他一点反应没有。老半天，电锯停下了，他才听到我们敲门的声音。这家伙迅速放下手里的工具，但却不是跑来开门，而是急三火四地往房间里面跑去。我们正纳闷呢，好半天，他把门打开了，我们一看都憋不住了，哈哈地大笑起来：眼前的老郭身穿笔挺的西装，头顶一个棕色礼帽，腋下夹着他的标志性小包，和刚才穿大裤衩子满身锯末子的老郭简直判若两人。我们的大笑让老郭丈二和尚摸不着头脑。

老郭莫名其妙地问道："笑啥？"

"刚才里面有一个穿大裤衩子的家伙哪去了？"

"靠，都让你们看着了，这我还装啥？"

老郭在连发商场待了两年，后来生意不断扩大，他就从连发搬了出去。当时老郭自己做了一个牌匾，橘黄色的底子，金色的大字：金迪门业。12米长，1.5米宽，大牌子老亮堂了。因为连发商场里还有一个干防盗门的，所以老郭搬走之后，这大牌子一直都挂在那里，也不碍眼，无形中成了防盗门的招牌。

有一天大连这地方刮大风，老大风了。第二天大家上班忽然发现老郭的那块牌子没了。连发公司经理心里咯噔一下子：是不是昨晚上被大风刮掉了？砸没砸到人？调查了一圈谁也不知道怎么回事，大家莫名其妙。经理忽然想起了老郭，给老郭挂了一个电话，老郭嬉皮笑脸地说："让我给摘了，别他妈哪天掉下来把谁砸了。挂那上面给你们招生意，砸了人还不得我埋单……"

"什么时候摘的？"

"昨天晚上风最大那功夫，我们4个人忙活了俩小时。"

你看，人家老郭多有责任感？

哥雕刻的不是工艺品，哥雕刻的是寂寞

靠着金迪门业的支持，老郭的生意日见起色，渐渐走上正轨。手里赚了点银

子，两个孩子一个从复旦大学毕业，一个在东北财经大学读大四，家里也买了一套90多平方米的楼房，也算小有成就吧。

我问他："现在咋样，一年能赚20多万？"

"那倒赚不到，抢钱啊？一年就10多万，现在金迪那破门不行了，现在要做就得做豪华门、高档门。

"去年我自己设计了一套门，仿古的，那花纹、式样、做工老上档次了，一套门一共6扇。"

说着，老郭从书柜里拿出一个文件夹："这不嘛，说明书和广告我都印好了。"

"这么说已经批量生产了？"

"本来想在星海会展中心装饰材料展览的时候拿去参展呢，王艳硬是不让，说我做梦、瞎折腾、不省心、败家，反正什么难听王艳说我什么。我没有财政大权啊，老婆不同意，这事只好泡汤了，要不我这些门现在早火了，小轿车早就坐上了。

"我们家这老娘们儿就是保守，都什么时候了，就守着那几扇金迪牌破门，什么也不让搞。前年我到沈阳考察，看好了一个湖南小伙的家具，欧式的、古典的都有，还有各种各样的楼梯，老漂亮了，合同我都和他签好了，门市我也租好了，王艳玩命犟，硬给别黄了。还不让说，一说她就巴巴有话：'我还供了两个大学生呢？还上复旦大学了呢？'我一点招都没有。所以木门销售那点事现在我也不愿意管了，让我老婆张罗去吧，我就在这兔子不拉屎的地方做自己喜欢的那点事，挺好。"

所谓自己喜欢的那点事，无非就是画点画、写点字、雕刻点自己喜欢的东西、制作一些自己喜欢的工艺品。

我去的那会儿，老郭正在家里制作歼-10战斗机的模型呢，栩栩如生，惟妙惟肖。案儿上放了几套木质的小牛车；靠墙站了一个和真人大小相仿的关公木雕，手里握了一把青龙偃月刀，威风凛凛；墙上还有几幅老郭自画自赏的作品。

老郭说：“偶尔也给别人搞一些仿古家具的设计，去年给别人出了10张仿古家具设计图，一共才给我3000元钱，一套家具设计图给我300元钱。今年又来找我画，我没给他们画，太便宜了，一张图费老了功夫了。还不如我自己做点喜欢的东西玩玩呢，愿意动弹的时候，哪样东西拿到华宫旧货市场不卖个三百五百的？反正我现在不愁吃喝，也不用供大学生了。大女儿去年在上海电视台做了一段时间的编导，又够了，现在也不知道干什么呢；二女儿现在在东财上大四，俩姑娘都挺出息；王艳一年还能赚回来10多万。反正我去了也用不上，我要扩大生意，她就说我瞎折腾，所以现在可以说是我人生最快乐的一段时光，愿意怎么玩就怎么玩，也不图赚钱，就图个痛快，用网上的话说，哥雕刻的不是工艺品，哥雕刻的是寂寞。”

没有人会随随便便成为老板

李大玲

70后打工妹的典型代表，31岁，辽宁省新宾满族自治县人，清太祖努尔哈赤的老乡。17岁就背井离乡到大连打工，经过14年磨砺，终于从打工妹变成老板。现为大连开发区创世纪科贸有限公司经理。

最想说 给谁干都是给自己干。

邮　箱 chuangshiji.318@163.com

电　话 13840861738

■ 零起点

那是1998年春节，我们一家三口回老家新宾县和家人团聚，同时也想物色一个营业员。和同学在一起喝酒的时候，我说起了这件事，后来一位同学向我推荐了李大玲。

于是，回大连的那一天我们来到了李大玲家。李大玲家离新宾县城有20公里远，那年我们那疙瘩特别寒冷，道路上铺满了厚厚一层白雪，差不多用了1个小时我们才来到她家——辽宁省最北边的深山里一个叫做北旺清的小村庄。

李大玲的家是山根下的两间茅草房，我们进到她家的时候，李大玲正盖着大棉被在炕上看电视呢。电视是那种像小人书一样大小的黑白电视机，接收信号不好，上面全是雪点，冷不丁一看还以为电视里正下雪呢。我们简单地说明了意图，李大玲二话没说，一口答应："我去！"

真没想到，李大玲这个当时只有17岁的丫头片子竟然这么有主意。就这样，李大玲到村子里把她妈找了回来，简单地收拾了一下行囊，当天就和我们来到了大连。这一出来，李大玲的命运就此改写了。

敢于决断，这是李大玲日后创业成功的最基本素质。常言道：当断不断必受其乱。

李大玲后来成为我们商场里干得时间最长的一个营业员，到2010年已经13年了。刚来商场的时候，李大玲还是一个什么都不懂的小丫头，闹了不少笑话。曾经发生过这么一件有意思的事情：

一天早上，还不到8点钟呢，李大玲就给我老婆来电话："赵姨，你什么时候来？"

"什么事？"

"好事，你快来吧！"

可能说话不太方便，我老婆也没再细问，匆匆吃了点东西就来到了商场。李大玲神秘地把我老婆拉到了一边，小声地说："又收到一张空白支票！"

我老婆有点晕："空白支票就填上呗，怎么了？"

李大玲说："空白支票不是想写多少就写多少么？"

我老婆听了哈哈大笑："反了你了呢，那不乱套了！谁告诉你的？"

"上次双圣的支票你不多写了4万多都存上了吗？"

我老婆更笑了，简直要笑弯腰了。

原来是这么回事：上个星期一家老客户双圣公司来买货，一共花了350元钱，给了一张空白支票。这家公司以前还欠我们4万多元，于是我们就来个就坡下驴装糊涂，把欠账一并填上了。

李大玲刚来不久，不知道双圣公司欠账的事情，她一看花了350元却写了42850元，这大城市里赚钱也太容易了。于是就有了上边那样的笑话。

你看，就这么一个懵懵懂懂的小丫头片子，现在可了不得了，才几年的时间，已经拥有几百万的家产了——在大连买了两套房子，一个190平方米的四室两厅，一个130平方米的两室两厅，买了一台别克凯越轿车，库存商品至少也有二三十万元，再加上手头十万八万的现金，俨然一个中产阶级了。

还是毛泽东当年说得好："一张白纸，没有负担，好写最新最美的文字，好画最新最美的图画。"李大玲刚出来的时候就是这么一张刷白刷白的白纸，如果她是一张被人写满了文章的纸，也许她的生活就不是如今这幅锦绣的图画了。

给谁干都是给自己干

向我推荐李大玲的那位同学曾这样评价李大玲："大玲在我们开的包子铺里干过，这孩子年龄不大，但是有主意，而且勤快，干活从来不怕累，撂下这样拣起来那样，一点都不闲着。后来，我们的包子铺不干了，我一直都想着给她再找一个活干呢。"

李大玲刚到我们连发公司的时候年龄虽然小，但是的确像那位同学说的那样，有主意，有眼力见，能看到活。开始的时候我们让她收款，但是没有顾客的时候她不会一直在收款台坐着，而是出来和大伙儿一起干活。李大玲个子不高，一米五左右吧，装卸车的时候她却和那些大男人拿一样多的货物，一点也不藏奸，这给我留下了很深的印象。

和李大玲一起来的还有一个男孩，也巧了，这个孩子叫李大鹏，从名字上看他们就像姐俩一样，其实他俩一点都不像。那男孩老是想家，每隔一段时间就请假回家。其实李大玲也想家，但是她能克制住自己，这十多年以来每年都是这样：到年根放假的时候回家，过完年不到上班时间呢，就从老家“杀”回来了，中途从来不耽误一天。

李大玲的脑子比较灵活，你说过的事情她肯定能记住。我们商场里的商品比较杂，但是商品进回来之后，她很快就能把价格记住。别的营业员老是向她打听价格，于是她就找来一个纸板把每个柜台里的商品都一一标注上销售价格。卖货的时候发现哪种货物没货了马上记在一个本子上，这样进货的时候就不会遗漏了。这些事情过去都是我老婆亲力亲为的，但是李大玲会主动去学着做，给我们减少了很多麻烦。

我老婆一看这孩子是块经商的材料，让她当一个收款员有点委屈了，于是就让她当营业员了。这下子可好了，卖货、进货、给商品定价格、进货签字她都逐渐承担起来了，渐渐地很多客户只认识李大玲，都不认识老板了，一张白纸渐渐地就成了一幅值钱的画了。

不仅如此，就连商场做饭的事情她也感兴趣，主动学着做。开始我老婆以为她在包子铺干过，什么都会呢，其实不然。包子铺里分工明确，大家各司其职，李大玲在那里只负责包包子、收拾碗筷，所以其他活计她并不会。但是半年之后，李大玲把厨房的事情全包下来了。切菜、炒菜、做饭、包饺子、洗碗……样样精通了，再后来就连买米买菜这些活也都归她来负责了。

其他人背地里都说她傻，有的人甚至直接问她："你傻呀，什么活儿你都干，累不累？"

她说了："有什么累的，就那么点活儿，不比在农田里干活轻快多了？人啊能闲死，但是累不死。再说了将来过日子什么不得会？现在学会了，将来不用现学了。"

别人又说："厨房里干了那么多活儿，那卖货的时候就歇一歇呗，还不够你忙的了？"

现在的事情就是这样，干的不如看的，看的不如捣乱的。你干得多、干得好了，就把那些不愿意干活的人给比下去了，其实这些喜欢嚼舌头根子的人都是那些不干的、捣乱的。

面对这些人的诘问，李大玲常常是装糊涂："嘿，谁还能打一辈子工，现在多干点不也是给自己积累经验吗？给谁干还不是给自己干？"

这话说得就有境界了。想想，有吃的地儿，有住的地儿，每月领着薪水，还可以向老板学习经商的本领、为自己积累经验，上哪儿去找这么好的事情。这要在过去就是学徒，不但不给薪水，有的还要向老板交学徒费呢！这时候你不学本领，过了这个村可就没这个店了。

就这样，李大玲得到了我老婆的赏识。

还是郑板桥说得好：吃亏是福。那些看似吃亏的人其实一点都不吃亏，他们是吃小亏占大便宜，这叫大智若愚。而那些干活藏奸，见活就躲的人才是真正的傻子，是耍小聪明。因为老板也不是傻子，谁干得多谁干得少有时候老板是不愿意说，但是每个老板的心里都有一杆秤。干得多得到的也必然多，干得少得到的当然也少。一个人总喜欢藏奸，遇到事情斤斤计较，什么事情都患得患失，一定没有大出息，因为时间长了谁都会看清你的嘴脸，好事情是轮不到这样的人的。

我老婆看李大玲干得好，常常领她去商场买衣服，年底的时候也总是额外给她三五千的奖金。那差不多是七八年前的时候吧，三五千已经是一个不小的数目了，当时一个人一个月的工资才300元！她相当于拿了双份的工资。你看，人家一个不到20岁的丫头片子拿的比那些二十几岁的大小伙子拿到手的钱还多，你说那些大小伙子惭愧不惭愧？同样是一年，人家一个小丫头片子挣的却顶两个大小伙子挣的。想想，年纪轻轻的出来干什么来了？到底谁是傻子？

所谓行大礼不拘小节，如是而已。

□ 我给你找一个有500头奶牛的

李大玲的家庭条件特别差。她父亲一次上山打柴的时候，带的饭被老鼠给碰了，结果患上了鼠疫，不到40岁就去世了。所以一直是李大玲的妈妈独自带着两个孩子，日子过得很艰难。

但是，艰难的生活并没有把李大玲热爱生活的火焰熄灭，她的心气依然很高。在我们商场干到第四年的时候，她老妈急了，每隔个三五天的就来电话，电话没有什么重要的事情，中心议题就一个：赶快回家结婚！

我给你抄一段她们的对话：

李大玲她妈："大玲，你的同学全都结婚了，现在就剩你一个人在外边混了，人家小燕和王萍都抱孩子当妈了！小燕家里养了20多头猪，大前天一个老母猪下了9个猪崽儿，一个猪崽儿能卖一百多，你一年才拿回来几个钱？差不多就得了，干到什么时候还不得回来，年龄再大了可就没人要了！昨天你舅妈给你介绍了一个对象，是个开车的，自己家有个货车，在县城拉脚，家庭条件不错，他们家还有5头奶牛呢，一天能挤100多斤奶……"

李大玲："行了，别一会儿猪崽子一会儿奶牛的了，我不感兴趣，也不想回家找对象，我也不着急，既然出来了我就不想回去了，我想在大连找对象，不就5头奶牛吗？等我给你找一个有500头奶牛的，天天让你喝牛奶……"

李大玲她妈："你啥条件想在大连找对象，人家小萍自己养了200多只羊，在县城找的对象，是城管里管厕所的所长，你什么都没有，谁要你？……”

李大玲：“有的是人要，我还得挑一挑呢！”

李大玲她妈：“尽吹牛！”

……

她们的通话基本都是诸如此类的内容。

其实李大玲说的不假，你别看她一无所有，个子也不高，也没有200只羊，追求她的人还真不少，因为人敞亮。

当时有三个人追她：

一个是做涂料的老板。他个子有一米八，我们商场一直卖他们家的涂料，他送货，李大玲接货，一来二去这老板就喜欢上了李大玲。但是李大玲可能被小伙子的身份给吓住了，一直不相信这缘分是真的，始终不敢答复这个做涂料的老板。什么事情面前都能保持清醒的头脑，对一个二十来岁的小丫头不容易。

还有一个，个头也有一米八，也在这条街上打工。经常到我们商场里来买货，你来我往的，这个小伙子就开始追李大玲了。李大玲觉得这男孩挺踏实的，但是又觉得他的条件太差了，两个人的经济条件都那么差将来怎么生活？所以她一时也没给这个男孩机会。

她一点也不着急，该干活干活，该做梦做梦。太阳升了落落了升，日子也日复一日有滋有味地过着。她知道，缘分这东西是急不得的，要耐心地等待。

在李大玲来之前我们这里还有一个小伙子，他就不行，把持不住自己。来这儿打工的第二年，回家过年的时候十多天就找了个对象，从见面到回大连上班一共在一起待了不到半个月的时间，回来之后那小伙子就像着魔了一样，天天在门口望着邮差，要是远方的来信稍微来迟了一两天，那小伙子就茶饭不思了。这样一直苦苦地挨到了夏天，说什么也不想再干下去了。其实，这个小伙子是挺好的一个人，长得像甄子丹似的，块头大、有力气、不偷懒，人也正直，大家都挺喜欢他的。所以我一直不希望他走。

我和他聊天："你得想明白，回到家里一结婚再想出来可就不那么容易了，结婚、度蜜月，两个人在一起再腻个仨月俩月的，媳妇可就怀孕了，十个月之后就生孩子、坐月子、喂奶、看孩子，等孩子长到两三岁的时候你再想出来可就要拉家带口了，可不像现在这么容易说出来就出来了，你得租房子，得柴米油盐酱醋茶，得吃喝拉撒睡，得养活老婆孩子……"

小伙子想得宽："没事，我们结了婚我就领她出来，先不要孩子！"

我说："这个恐怕你自己说了不算。"

……

这个小伙子最终还是没有被我挽留下来。

后来，果然不幸被我言中。小伙子回家不到三个月就结婚了，然后马上就有了孩子，只好在家里买个车拉脚。后来好像是开车惹了点事，于是领着老婆孩子到大连开了一个小饭店，干了不到一年饭店黄了，后来又听说到大连推销安利……再后来听说在家混得很惨，两口子老吵架……再后来就没有了他的消息。

不知道偶尔他是否会想起我当年和他说过的那些贴心贴肺的话，是不是后悔？

□让命运的花骨朵灿烂地绽放

大约在2003年前后，连发商场获得了较快的发展，商场里已经有了十几个商家入驻了，防盗门、丝网、水暖、电动工具、轴承、传输设备、铁艺……一个一个的项目都在商场里干得有声有色。连发商场有个规定，所有入驻的业户经营项目不得与原有商户重复、冲突，这就很好地保护了各个商户的利益。

一个个商户来到连发的时候都是手中有个三万两万的小个体户，干个三年两年之后都成了腰缠万贯的大老板，李大玲把他们每一个人的发展历程都看在了眼里，看着这一切，她的心里每天都感觉乱乱的——她也想自己当老板！眼看商场里可干的项目已经一个一个地被别人选中，再不干可就没有机会了，那些天她急得嘴上直起水泡。

我们两口子看明白了她的心思，就和她谈："天下没有不散的筵席，也不可能让你给我们打一辈子工，你自己看吧，想干点什么你自己选，你也自己干吧！你自己没生意的时候也帮我们照看着点就行了！"

李大玲眉开眼笑："赵姨，我想干电线电缆这个项目！"

"想好了，不和你妈商量商量？"

"不用，我妈一辈子在山沟里，也不知道这外边的事情，也不懂咱们干的这些事，听她们的这辈子就什么都别干了！"

就这样，李大玲开始自己当老板了。

说到这儿，顺便再说说和李大玲一起来的那个李大鹏。

我一看李大玲都自己干了，也给李大鹏一个机会吧，这孩子有点虚荣，爱臭美，胸无大志，但是最大的优点是忠诚可靠。所以我也希望他能有点出息。

我说："大鹏，你看这样好不好？把楼上最大那个房间给你，别人过去租都是一万元，你要是想自己干给我五千就行，你干劳保用品。开发区几百家外资企业，家家都得用劳保，手套、安全帽、安全鞋、工作服、安全带、口罩、防毒面具……产品老鼻子了，你如果自己再跑点客户，两年就起来了。"

这孩子就是没主意，他说："我得回家问我妈！"

我说："你妈整天在地里种蘑菇，懂什么啊？她能知道这里的外资企业都用什么劳保用品？有的东西她都没见过……"

我好话说了一大车，没用。

第三天，李大鹏来到我办公室："经理，我妈上县里打听了，说劳保用品根本就没人买！"

我真是又气又笑："新宾县一个像样的工业企业都没有，全县的工农业产值都比不上这里一个合资企业的产值呢，谁买劳保用品？算了，你既然不想干，我也不劝你了，别干不起来再落埋怨。”

结果这孩子到底什么都没敢干。当年就辞职了，拿钱到大连找了一个饭店学厨师，花了5000多元，厨师证也拿了，却一直也没当成厨师。后来听说又去学烤鸭制作，钱也花了，手艺也学了，最后还是没干。前些日子听说在家乡开出租车呢……

这就是差距。思想上有差距，行动上就必然有差距，这差距就使得两个人的命运走上了不同的轨道。有很多人，就是这样，一肚子的花骨朵就是开不出一朵像样的花来。夜里千条路，早晨起来卖豆腐，还不是热乎的。

那一年是李大玲启运的一年，刚刚自己当老板不说，丘比特的神箭冷不丁地就向李大玲射来了。一个在我们商场门口拉脚的货车司机给李大玲介绍了一个对象，长相特酷，也是大高个，有一米八五。也邪门了，李大玲才一米五高，追求她的人却都是一米八以上的大高个。这个大高个一下子就把李大玲给迷住了。他家的经济条件很差，但是缘分来了谁也挡不住。他就是现在和李大玲一起过日子的郭光龙，其实就是前边说到的那第三个追求者。

郭光龙的家在山东省潍坊市境内的郭家秋峪。“峪”是什么？就是把“峪”字拆开念——山谷，也就是一个小山沟。从大连到郭家秋峪先要坐8个小时的船，然后再坐4个小时的大客，最后再步行2个小时，郭家秋峪就到了。

也不知道这月老是怎么牵的线，一个来自山东的郭家秋峪，一个来自辽宁的北旺清，他们最后竟然相会于我们这家不起眼的建材商场。

郭光龙在大连开发区一家个人开的修车厂里当修车工人。我去过那家所谓的修车厂——在开发区大黑山下一个停产企业的院子里，用篷布围起一个简易棚子用以遮挡冬日寒冷的北风，在那棚子里有一个地沟，这就是郭光龙打工的那家修车厂。夏天把棚子上边的篷布揭掉，小风一溜还可以，冬天可就遭罪了，一点取暖的设备都没有，一会儿地上、一会儿地沟，一会儿水、一会儿油，挺新的一身工作服干到晚上就浑身油渍麻哈的了，还没有洗澡的地方，住的地儿条件也不好，伙食更可想而知了，条件老艰苦了，一个月才800元钱。

李大玲看中的，就是小伙子那吃苦耐劳的劲儿。

机会突然来临

李大玲自己才干了一年，2004年他们两个人的机会来了。从此，他们两口子命运的轨道来了180度的转弯。

那年我儿子考上了大连市内的一所中学，离我们家有30多公里。为了给孩子创造一个良好的学习环境，争取考一个好大学，我们夫妻经过商量决定暂时搬到大连市内去陪读。

大连市内到开发区差不多有将近1小时的车程，我们商场夏天一般早上7点开门，晚上6点半关门。这样一算，我们6点就要从市内出发往开发区赶，晚上7点半才能到家。也就是说，我们早上5点钟就得起床做饭，晚上要到8点半才能吃上饭。这不是拼命吗？如果这样干，不出一个月准得累倒。

怎么办？生意总不能因为孩子念高中而不干吧？再说了孩子上高中也是正需要花钱的时候呢！我们打算找人帮忙打理，但这么大一个摊子突然交给一个生手也打理不好，整不好的话自己再接手的时候都不好做了。最后我们决定把生意全部交给李大玲两口子做。李大玲两口子每年交给我们10万元承包金，交付的方式是除每年的三四月份之外，每月交1万。上述约定如果全部如期兑现，4年之后全部库存货物12.6万元就奖励给李大玲和郭光龙。

对李大玲和郭光龙来说，这简直就是一步登天。你算算吧，12.6万元的货物，5万元的固定资产投入，还有原有的固定客户，原有的20多家固定的供货商……每年只有10万元的租金，还是按月交钱。如果从零开始干，达到如此规模至少得干个七年八年的，现在李大玲夫妇一夜之间就都有了。

当然了，没有李大玲兢兢业业八年的打拼，她不会得到我们夫妻两个的信任，她也不可能遇到这样的机会，这还真应了李大玲自己说的那话：给谁干都是给自己干!

机会只青睐那些有准备的人。等我们把一切交给李大玲的时候，有很多人问我们，怎么不给自己家人干，为什么这么好的机会给了外人？

其实我们也想过把这一摊子交给自己家人干，让自己家人有一个发展的机会，可是这强扭的瓜不甜。像我的侄子，我劝他到这干人家都不稀来；我老婆的侄女也在这干过一段，没几天就嫌没意思打道回府了；我老婆的姐姐原来也一直在我们商场里干，我们打算找人接替时，老婆曾经跟她商量过，可人家说了：“我干那玩意干嘛？”

你看，总不能让些冷手来抓这热馒头吧？那些一点准备都没有的人甚至会把原有的一切弄得一团糟，你想重头收拾旧山河都不好收拾。

李大玲的成功不是靠运气，而是因为她从来没有想过要碰运气。她没有那么多的机会和选择，当一个机会突然来临的时候，她只是紧紧地抓住，全心地付出。

打开那扇紧闭的门

7 康华

42岁才开始创业的国企下岗大嫂，现年52岁，黑龙江省齐齐哈尔市人，现为大连保税区福瑞旺建材经销处经理。

最难忘 开业半年只卖出去一扇门。

电　话 0411—82175298

后半生从8000元开始

康华和王全文刚开始经商的时候全部家产只有8000元，他们的后半生就是从这8000元开始的。

那时康华42岁，她的丈夫王全文43岁。他们来大连之前从来没做过任何生意，甚至亲属里面也没有一个做生意的。康华和王全文的生意很单一——卖防盗门。刚开业的时候简直太难了，半年多只卖了一扇门。那些日子，康华死的心都有，满嘴都是大水泡，最严重的时候话都说不出来了，什么都吃不下去。那些日子，他们为了节约开支，什么蔬菜都不敢买。早上吃前一天的剩饭，中午在商场里一人一个馒头，只有到了晚上两个人才肯买一块豆腐，日子过得异常艰难。那是2000年的春节，大年三十那天下午康华和王全文到市场买年货，他们在市场里转了两圈，最后买了两条鲅鱼出来了。后来王全文说："我们两个人兜里一共就29元钱，你说我们能买什么？过年不能没有鱼吧，所以我们就买了两条鱼。也点儿背，到家的时候往出一拿就剩一条了——塑料袋被自行车刮了一个大窟窿，另一条鱼掉了。"

生意不好，心力交瘁，康华的身体免疫力也开始降低，常常闹病。但她连买药都不舍得，就那么挺着。心里动摇的时候，真想把那些破门处理掉打铺盖卷回家。

但是，防盗门好处理，但他们的后半生怎么处理呢？防盗门是小问题，后半生可是个大问题。开弓没有回头箭，咬牙坚持吧，最终他们坚持住了。算算，现在他们夫妻两个在商海里摸爬滚打奋斗9年了，虽不能说大富大贵，但该有的什么都有了。最重要的是，后半生总算有了着落。

两手空空闯大连

康华和王全文从事防盗门这一行纯粹是机缘巧合。

原来，在来大连之前，康华和王全文都是国有企业的职工，而且是大型国有企业——齐齐哈尔第二机床厂，中国一重集团公司旗下的企业之一。王全文是高级技工，车、钳、铆、电、焊，样样精通。1993年企业实行减员增效，结果他们夫妻双双下岗。工作没了，孩子正在上学，将来拿什么给孩子上大学、结婚？拿什么养老？还不到40岁呢，就这么完了？真不甘心，想要干点什么吧手头又没有钱，真是难啊。两口子实在觉得在齐齐哈尔没什么意思，就有了出去闯一闯的念头。

事情也巧了，就在这个时候，他们的一个朋友邀请他们上大连发展。这个朋友在齐齐哈尔政府部门上班，当时齐齐哈尔市政府准备在大连设一个办事处，办事处下面设一个招待所，于是朋友给康华在招待所里找了一份工作。这倒是一个机会，虽然当时王全文的工作还没有着落，毕竟可以先解决一个，车到山前必有路，船到桥头自然直。大连的经济发展和就业机会肯定要比齐齐哈尔强，暂时没有着落不要紧，在家待着不是更没有机会吗？就这样，两口子背井离乡跟着这个朋友来到了陌生的大连。

开始还不错，康华在办事处的招待所里当服务员，王全文在一家卖防盗门的私营企业里找了一个安装防盗门的工作，孩子上学的学校也落实了。办事处还分配给他们一个房间，于是一家三口美滋滋地开始了在大连的日子。

他们就这样平平淡淡、快快乐乐地生活了三年。可是，好景不长，办事处发生了一些事情，停办了，他们的朋友也退休了。

怎么办，回家？企业是回不去了。继续在大连闯荡？办事处没了，朋友也要打道回府了，一家三口两眼一抹黑，孩子又小，将来怎么办？那阵子，每天嗅着充满鱼腥味的海风，听着满是海蛎子味的大连话，看着一张张素不相识的面孔，两口子心里常常发怵，一点信心都没有。最后还是他们那位朋友帮着拿了一个主意。

朋友说：“在大连市内你们肯定无法生存，这里租一套一单元的楼房一个月都一千来元，你们能负担起吗？康华的工作没有着落，王全文一个月六百元钱，孩子刚毕业，什么也不会干，所以你们干脆上开发区发展得了。租一个小一点的门市房，康华不会做饭吗？你们就开一个小饭店，饭店有住的地方就住在饭店，没有住的地方就在我那儿住，我在开发区不是有一套房子还空着吗？你们就先住一段，看能不能发展起来……”

就这样，他们几个人来到了开发区。

1万元与8平米

那天，康华夫妇和他们的朋友到开发区踩点，走了一上午也没找到合适的门市房。康华的家底太薄，手里就有8000元钱，朋友最多还能借给他们1万元，加起来也就不到2万元钱，连交房租的钱都不够。中午的时候，朋友说：“我去打个电话，找人混点饭吃。”就这样，他们为了打公用电话而走进了连发商场。

他们在打电话的时候偶然看到玻璃窗上的“出租”二字。康华兴奋地问：“你们这个门市房出租啊？”

服务员回答：“出租！”

康华：“多少钱？”

服务员：“看你租多大地方。”

康华根本就不知道开发区的房价，大咧咧地说：“全租多少钱？”

服务员说：“10万！”

康华惊讶得张大了嘴巴：“我的妈呀！”

这时服务员说：“你也可以租一小块地方，每年1万元钱！”

康华根本就没有多想，有一搭没一搭地说："巴掌大个地方能干什么？"说着就要往外走。其实她当时被自己的思维定式给困住了，只想着开饭店的事情，根本就没往别处想。人有时候就是这样，处事方式往往由自己的生活、经历、习惯所决定，许多具体的思维活动逐渐公式化了，不仅逐渐形成思维惯性，甚至深入到潜意识，成为不自觉的、类似于本能的反应。康华由于过去生活的艰辛、坎坷，所以变得思想封闭、胆子小，缺乏创新精神，缺乏勇气和决心。

康华的朋友头脑倒是蛮灵活的，他听了服务员的回答马上来了灵感，冲康华喊道："你回来。老王不是会安装防盗门吗？我看在这儿租块地方卖防盗门能行！"

服务员说："卖门行，肯定行，开发区还没有卖防盗门的呢！"

朋友问："开发区真没有卖防盗门的？"

服务员："没有，你们可以考察考察。"

康华说："那玩意儿卖给谁去？开发区都是新房子，哪个房子没有防盗门？"

朋友说："那就不对了，这你得问问王全文，华北路好几十家卖防盗门的，你看谁家闲着了？不都卖得挺好吗？要是卖得不好，王全文不早喝西北风去了！"

康华说："卖不出去怎么办？"

朋友说："你要老是这么想就什么也别干了！开饭店没人来吃饭怎么办？走，进屋看看，看多大地方1万块钱？"

三个人到商场里一看摇头了："太小！这能有多少平方米？"

"8平方米！"

"真是巴掌大个地儿，一年要1万？你们抢钱啊？"

服务员："不贵了，这里差不多能放二三十扇门，一个月卖出去10扇门起码能赚三两千元，再说了，干好了的话一个月也不止就卖10扇门吧？"

康华他们还真动心了，接下来的几天他们连续来了三次，最后终于下了决心。

万事开头难，良好的开始是成功的一半。迟迟不敢开头，往往是刚开始创业的人的通病，前怕狼后怕虎，放不下坛坛罐罐。人们常常是在惯性的作用下生活，要克服惯性，要改变命运的运行轨迹就要给生活增添新的动力，使生活充满激情。这就需要有一股子破釜沉舟的勇气，所谓置之死地而后生。如果他们不下岗，就想不到要来大连；如果他们不是再次下岗，就想不到要自己创业。那样的话，也许他们今天还在车间里搞那些车钳铆电焊呢。

敲开财富之门

看花容易绣花难。话是好说，真干起来其实什么生意都不容易。

合同签了，钱也交了，说干就干，第二天康华和王全文就把防盗门摆进了商场。可以说，康华他们选的项目是对的，选择的开业时机也不错，当时很多楼盘都刚开盘，正是装修的黄金时间。

可是，事情就偏偏不按着人们的意愿发展，所谓不如意常十之八九，说的就是这个道理。什么事都按照你的想法去发展，咱就不卖门了，早当皇帝去了！

从当年的11月到第二年的5月，整整半年，竟然只卖出去一扇门。细细一想，其实这也正常。原来开发区并没有卖防盗门的，所以人们似乎已经形成了一个固有的观念：开发区没有防盗门。因此人们都到大连市内去买防盗门。另外，康华他们没做任何广告，也没有老客户。所以并不是门不好，也不是生意做得不好，做任何生意都得有一年半载的萧条期，等大家知道了这个地方、有了回头客、有了口碑，生意也就好了。谁也不可能一开始就赚个钵满盆满的！

话虽这么说，康华却不这么想。她想的是：老板不是忽悠人吗？这半年都过去了，哪有买门的啊？

看着商场里大家忙忙碌碌的样子，看着卖不出去的防盗门直溜溜地站在那里，康华心里真是说不出的滋味。当时为了照顾他们，房东同意他们半年交一次房租，到5月20日的时候正好是半年。这个时候康华就犹豫起来了：干还是不干？

常言说得好：行百里者半九十。此时的康华就处在这样一个状态。走下去，虽不见得会山重水复，柳暗花明。停下来，必然是功亏一篑，从此不敢轻言战斗！经过犹豫、徘徊，好歹他们还是挺了过来，那种煎熬的确很让人难受。

一个偶然的事情使他们的生意有了转机。

连发商场商品比较杂，装饰材料、五金交电、日用杂品、仪器仪表……什么都有，常常有人买完了东西不会安装。有一天，一个老头买了一个水龙头，自己不会安，想找人安装。王全文说："这还用找人，把坏龙头拧下来，给这个扭上不就得了。"

老头说："我家没有扳子，也没有密封材料。我买了扳子、密封材料，还不如雇人安装呢。"

王全文一想老头说的也是，就说："给我10元钱我给你安！"

就这样，王全文找到了一个赚钱的机会。他是一个万金油式的高级技工，车钳铆电焊什么都会，所以在防盗门没有生意的情况下，当起了安装工。安装水龙头、修开关、接电话线、安门锁、装晒衣架、疏通下水道……每天的收入也不少。最起码咱有商场做后盾，比外边打游击的民工可靠，安装不好了顾客能找到人。所以在防盗门生意不好那段时间，王全文这一类活没少干，每天的收入都在百元以上。

半年之后的一天，一个很偶然的事情使康华的生意开始更上层楼。其实也不能说偶然，偶然之中常常孕育着必然。如果你不是时时刻刻在留意和等待，机会就是来了可能也会视而不见。

康华的一个老乡给别人照看楼房，有个十几户，想要换门，慕名找到了康华，生意很快就谈成了。可能是考验康华的耐性吧，从这笔买卖开始，康华的生意才开始转运，门一扇一扇地被抬出去，甚至找上门来的那些零活都没有时间干了。

康华虽然已经是一个40多岁的人了，但是她比较灵活，学什么还是比较快的，生意渐入佳境。

开始，王全文给别人安装新门的时候，常常把旧门卖给收破烂的。后来发现城郊的一些农民常常来买旧门，因为旧门便宜，安在仓房上、临建房上很实用。于是，再给别人安门，如果房主不要旧门了，老王就把旧门带回来，一扇旧门常常也可以卖上一百两百的。

再后来，有一些合资企业常常来买非标门，用在车间通道、防火通道等地方。开始几次康华总是一句话就给打发了："没有！"

时间长了，康华开始琢磨了，她向防盗门生产厂家问了一嘴，厂家说：可以定做啊！

于是，他们又开始卖上了非标门。

再后来，什么车库门、卷闸门、伸缩门，康华都敢做了。这些还不算，后来，凡是和门粘上边的他们都逐渐做了起来，门把手、门锁、门镜、门铃、密封条……应有尽有！

比阿里巴巴幸运，康华还没来得及喊"芝麻开门"呢，财富之门就已经向他们轰然洞开了。

□撞了南墙也不回头

有苦也有甜，有忙也有闲，有酒也有钱，但是这些还不够，有的时候还需要有心有胆有韧性！撞了南墙也不要马上回头，凡是都要再争取一下。这就是生意人的生活智慧与生存哲学。

刚开业的时候，康华其实对经商懂的很少，甚至连开发票都不会。结果第一次去税务局买发票的时候就发生了一件让康华非常上火的事情。

事情的经过是这样的：因为康华在卖防盗门之前从来也没开过发票，开发票的规矩也不甚了了。结果有三张发票出了问题，一张没写开票人，一张没写商品规格，还有一张忘了写日期。税务局验票的人非常认真，一张一张检查。根据《票据法》对康华进行处罚，一张违规发票罚款200元，一共罚款600元。

康华一听要罚款600元，立刻大动肝火。那是康华的生意刚刚火起来不久的事情，600元差不多是他们一个星期的利润啊！她怎么能不火呢！

她的脑袋里立刻九曲十八弯地琢磨起这件事来：罚款600元不多不少，找人还不够搭人情的呢，再说这边开了罚单再找人也晚了。不找人这600元就这么没了？反正我一个下岗工人、个体户，你们能把我怎么着？

康华为了引起大家的同情和注意，立刻抬高了嗓门："干什么罚款600元？我不就是忘写了几个字吗？至于吗？你可以看一看记录本，我这是第一次来买发票，有不对的地方你们可以告诉一下，我下回要是不改正，你们罚我我认，我一个下岗工人、个体户，赚几百元钱容易吗？你以为我是你们公务员呢？一张嘴就是600元，你知道我们一个月才挣几个600元……"

康华的个子不高，嗓门可不小。里面的税务官员哪遇到过这个阵势，谁敢在我们税务局这么大声嚷嚷啊！他们惊讶地张大了嘴巴，简直目瞪口呆了。

康华的连珠炮并没有就此停止："你们口口声声说自己是公仆，建设和谐社会，你们就这么当公仆，这么建设和谐社会啊……"

声音越来越大，大厅里的人也都围上来看康华给税务官员"上课"。

这个时候，领导被惊动了。一个领导把康华领到一边，仔细问清了事情的来龙去脉，然后点了点头，说："好，好，我听明白事情的经过了。今天就不罚你了，按国家的规定呢，你的这个错误的确是要罚款600元的，发票上出现一个错误罚款200元。考虑到你是下岗工人，是个体户，都不容易，又是第一次，消消火，下次注意。好吗？你把手续给我，我去帮你购买发票……"

就这样，康华大闹税务局，硬是把这600元罚款的事给摆平了。

还有一次。

康华卖了两扇门，人家给的是支票，金额是1980元。当时康华还没收过几回支票呢，所以支票上的那些大写她还没弄太明白，结果把 “壹”给写错了，少写了“口”字上面的那一横。

康华根本不知道自己写错字了，把支票递进了银行的窗口，银行的业务员当时也没看出什么毛病。第二天下午，支票被退回来了——大写有误。

康华问：“哪个大写有误？”

营业员：“壹字少写了中间的一横！”

康华：“填一横不就得了！”

营业员：“那得你自己填，我们不能给你填。”

康华接过支票一看傻眼了：“哎呀妈呀，这中间也没有空了，没有地方写这一横了。”

银行里的营业员挨个拿过去看，都摇头：“换一张支票吧！”

康华急了：“上哪换去，也找不到那个买门的了！”

康华拿着那个写错了的支票一边走一边嘀咕：“这可坏了，这哪天能等到买门的再来啊？”

也巧了，以往卖门都是康华丈夫老王去给安装，这要是出了什么问题，咱可以找到他们家去。就这两扇门，人家是拉回去自己安装的。你说寸不寸吧？

康华把支票拿给商场里的其他人看，让大伙帮忙想办法。大家你看看，我看看，都摇头：“没法改！”

康华想了：这要是改不了，那买门的家伙再不来，我这两千元可就打水漂了！怎么办？那是真上火啊！

这时候有人说：“老板会改支票，改过好几次了，日期写错的，小写写错的他都改过，不如让他给看看。”

康华来找我了："杜老板，看能不能把这个大写的壹给改一下，要不这支票就瞎了！"

我拿过来一看也懵了！这没法改呀，那"土宝盖"和下面的"口"都快亲上嘴了！但是我不甘心，一般的情况下总会想出办法。我说："你放这，我给你琢磨琢磨。"

其实人们又被思维定式所干扰了。因为这个大写的"壹"其"土宝盖"和"口"中间有一横，所以人们拿过来首先就想着在这中间加上这一横，而它们中间又没有余地，所以大家都认为没有办法了。其实办法还是有的，康华刚出去不一会儿我就给她改好了——我没在"土宝盖"和"口"中间加那一横，人家都亲上了，哪好在中间横加一杠子呢？康华写这个"壹"的时候，"土宝盖"和"口"走得太近，结果"土宝盖"和上边的"士"离得很远，而且那"土宝盖"两边的两点和中间的一横也没有连上，于是，我在"土宝盖"上方加了一个更大的"横"，这样"土宝盖"上原来的那个"横"自然就成了"口"上面的那一横了，虽然这一横有点长，看上去怪怪的，但毕竟那也是"横"啊！

就这样，被大家判了死刑的一张支票在我手下起死回生了！

康华终于舒了一口气。

从此，康华开始狂练书法，专写壹贰叁肆伍……人家说了：写好字也是生产力！

这样的故事，在康华身上还有很多，等你到康华他们商场来的时候，让她和你慢慢讲。

请看今日之康华

现在康华的生活很滋润，托了她那8000元钱的福。她的门市已经发展为两个了，另一个门市由康华的女儿和女婿负责。

康华于2003年买了第一套房子，2004年买了两个车库，里面没有奔驰和宝马，但是里面存放的商品可以换来奔驰和宝马——二百多扇防盗门。2005年，康华又给女儿操办了婚事，2006年买了第二套房子，送给了女儿和女婿。2007年他们购买了自己的小解放货车。虽然不是好车，但是“解放”也算是名车，而且关于车，康华有自己的理解，她有一句名言：什么车到街面上都跑一个速度。高速公路限速，还是跑一个速度，好车赖车都一样。康华的这台名车有活的时候自己用，没有活的时候可以出租再挣一笔。2009年康华的女儿和女婿又买了本田轿车，2010年他们买了第三套房子……

因为干的是个体，老是担心自己的未来，现在康华给自己、丈夫、女儿、外孙都购买了能想起来的各种各样的保险。生意不好那阵，他们连买块豆腐都要算计算计，现在隔三差五的，康华一家五口也上饭店撮上一顿。你再看康华那些穿戴，虽然是50多岁的女人了，心态特别年轻，穿着都非常时尚，如果你不认识她，从后面一看还以为是三十几岁的小媳妇呢！

细想起来，康华的致富之路似乎没有什么技术含量，她只是在最绝望的时候仍然选择了“坚持”。也许她没有意识到自己是一个多么有勇气的人，当她和丈夫每天就吃一块豆腐地丈量“坚持”的厚度时，那些自以为聪明的人早就改弦易辙了，甚至他们当中的大多数人至今仍在改弦易辙中。

行动派

刘刚

16岁开始在外流浪的农村小伙，现年40岁，出生于河北省郸城县汲水乡刘庄，刘邦的第N代玄孙，大连欧亚特轴承有限公司董事长。创业之前曾在建筑工地当过小工、在铸造厂当过翻砂工、在煤场当过更夫、在浴池当过搓澡工。

最难忘 2009年春节，自己掏钱在河南省郸城县汲水乡大刘庄为全村同乡燃放两万元钱的烟花。

邮　箱 oyate82175533@126.com

电　话 13352262622

大刘庄的绚烂之夜

2009年春节，河南省郸城汲水乡大刘庄。

四辆崭新的轿车停在村口空地的四个角落，齐刷刷地把大灯打开，将漆黑的夜空撕开一个巨大的口子。周边十里八村的人们都从四面八方涌向了大刘庄。

村口的空地上摆满了各种各样的烟花，大人、小孩、男男女女，你拥我搡地将这块空地围得水泄不通。没有人维持秩序，但是人们却很规矩地站在那里，等待着烟花绽放那绚烂的时刻。

有人喜欢凑热闹，有人喜欢看门道。这不，在大家都挤在那里等着看烟花的时候，二胖子却围着村口的空地转了一圈，原来他在“检查”停在那里的四台崭新的轿车。他终于看明白了，那台银灰色的是现代索纳塔，那台米色的前脸有十字标志的车是雪佛兰，那个有四个圆圈的是奥迪，还有一台，那是德国宝马。

……随着一声清脆的巨响，一团明亮的火球窜上了夜空，在空中发出更加响亮的爆炸声，随着爆炸声火球从中心开花，就像九月的菊花……随后哔哔剥剥的爆炸声在大刘庄寂静的夜里剧烈地响起，千朵万朵各种颜色的花儿将整个村庄的夜空照了个通明。孩子们叫喊着，老人们讶异着，年轻人也赞叹着，多少年来，在河南省郸城县汲水乡大刘庄，这样热闹的场面、一下子燃放这么多的烟花，还是开天辟地头一次。

然而，所有这一切并不是村里安排的。

看见了吗？在烟花施放现场指挥一切的那个很敦实的穿黑夹克的小个子，就是他自己掏腰包安排了这一切，他就是本文的主人公——刘刚。此时，他正和村里的乡亲们一起享受着这一年之中最绚烂的时刻。

16岁的漂泊

1990年7月，那是中部平原最热的季节。人们无法驱赶那直往毛孔里钻的三十多度闷热的空气，只好把窗子敞开，让夜风驱走令人难受的暑热。

一个黑影蹑手蹑脚地从炕上爬下来，在房间里悄悄地寻找了几件夏季常穿的衣服，又找了几件自己认为能用得上的物件。他没敢去推门，怕开门的声音惊醒在床上熟睡的老娘，而是小心翼翼地从窗口跳到了屋外。

落了地，他连头也没回一下，撒开他那双大脚就向村口跑去，一会儿的工夫那团黑影就消失在了漆黑的夜色中。

这个跳窗户的家伙不是别人，正是刘刚。

白天媒人拿着一张照片给刘刚老妈看，说要给刘刚介绍对象。刘刚也看了，不太满意，再说自己才16岁，看什么对象？但是儿子岂能拗过老娘，这不老娘和媒人说好了，明天领着刘刚去邻村相亲。别看刘刚很早就辍学在家了，家里也不富裕，但是这哥们硬是不安分，他不想一辈子就这么在这个穷乡僻壤终老一生，更不想在这个落后的山区随便找一个素不相识的姑娘糊弄自己。虽然，此时刘刚只有16岁，经济还没有独立，在家也没有话语权，自己的小胳膊还拧不过父母的大腿，但是惹不起我躲得起，这不，趁着月黑雁飞高，刘刚夜遁逃——他和他的三个小伙伴约好了，要到外边去闯荡世界，要杀出一条血路。

毕竟是汉高祖刘邦的后代，从小就有鸿鹄之志，了不起。

刘刚的同学刘大庆的姐夫在山西省长治县的电业局工作，是个不大不小的头目。刘刚、刘大庆等四个哥们这天晚上离开大刘庄，就是去投靠刘大庆的姐夫。对于刘大庆的姐夫来说，安排一个刘大庆应该没有问题，但是让他一下子安排四个人的确有难度。所以，刘大庆的姐夫只给刘大庆安排了一份工作，而且还是一份不错的工作——开车。其实刘大庆在此之前根本就没有碰过车，那也没问题，不会开可以现学。就这样，刘大庆在姐夫的安排下在长治县电业局招待所住下了，学习汽车驾驶。刘刚他们三个人暂时没有安排，怎么办？那也不能露宿街头吧，孩子们被逼到这个地步了，想辙吧。刘大庆住的招待所正好四个人一个房间，他们四个人干脆一起住进了刘大庆的房间。招待所里客人不满的时候他们就每个人一张床，如果电业局有学习班或者召开会议的时候，他们就两个人、三个人挤在一张床上，最严重的时候他们甚至四个人挤在一张床上。

住的问题就这样被他们暂时解决了，而更为严重的是如何解决吃的问题。上世纪90年代各个单位的招待所一般都是实行饭票制，就是一个饭票随便吃。刘大庆还真够哥们儿，他每顿饭都是把饭打到房间里来吃，用最大的饭盒，把饭和菜往死里装，然后四个人在一个饭盒里吃，就这样饥一顿饱一顿地对付着。

然而，这毕竟不是长久之计，时间长了对刘大庆的姐夫影响也不好，而且大家都吃不饱，十六七岁的孩子正是长身体的时候，每天四个人吃一个人的饭，谁也受不了！

怎么办？刘刚向刘大庆说："这样时间长了不行，将来如果把你的工作也弄没了，我们四个可就没有出路了，怎么也得保住你，我们也好有一个退路。最好跟你姐夫说一声，给我们找点儿活干，我们什么活都行，有吃有住就行。"

刘大庆的姐夫说："我朋友在柳林有个工地，活太累怕你们受不了，如果你们非要干就去试试吧。"

于是刘刚、刘大庆他们一行四人来到了柳林。一天干16个小时，早晨5点准时吹哨，听到哨声全体起床，洗脸、吃饭一共20分钟，中午休息半个小时，晚上干到10点钟。吃的就更别提了，窝窝头、白菜帮子，菜里连一点油星都看不到，简直就是盐水煮白菜帮子，难吃死了。刘刚他们被安排到翻砂车间，"那活根本就不是人干的，就更别说我们这些十六七岁的小蛋子了。"刘刚说起这些事情的时候，感慨良多。

"晚上干完活，我们不洗澡都没法睡觉，可是洗完澡连换洗的衣服都没有，干活时穿的衣服上面全是漆黑漆黑的粉尘，脱下来一抖搂都能抖下来一两斤的煤灰，如果直接穿在身上，那澡也就白洗了。怎么办？我们一般都是回到宿舍之后立刻脱光身子，然后裹上一件棉大衣去洗澡，洗澡完毕之后再裹着大衣回去睡觉。”

刘大庆干了不到一个星期就回长治了。刘刚他们三个人则像被发配了一样，每天16个小时的强体力劳动在那里坚持，一天的补助是1元钱，其他工资年底一起算，也不知道一天挣多少，这还是有人介绍才干上的活呢，谁敢问？

刘刚说：“那里每天的伙食是要自己付钱的，也不知道是怎么算的，我们就那么干到月底，竟然每个人还欠工地1元钱。”

刘刚他们三个实在干不下去了。“不是怕吃苦，而是感觉不到前方有一丝一毫的希望。吃苦不怕，吃苦要吃得值得，就这样干下去将来怎么办？这工头根本就不把我们当人，但是我当时就想，别人不把我们当人，我们自己不能不把自己当人！”

刘刚和另外两个伙伴大约在那里又坚持了两个月，然后在一天早晨起床之后，就不辞而别了。他妈的，这叫什么世道？干了两个多月，竟然还欠了工头的钱，三个人依然身无分文。

家里穷，没有出路，只听说外面的世界很精彩，哪知道，外面的世界更多的其实是无奈。

“山西是中国煤炭资源最丰富的省，尤其是能源紧缺的21世纪，整个中国最有钱的土财主基本上都是山西那些开煤矿的。几天一个瓦斯爆炸，过几天又一个煤矿透水，那个时候我们几个没撂在那里也算是万幸了。”刘刚不无感慨地说。

已经是二十多年前的事情了，很多东西都已经变得模糊了，因为那是一段不堪回首的往事，也不愿意去回忆，所以说起来刘刚自己有时候也糊涂。

也不知道他们是怎么回到长治的，反正他们三个又回到了刘大庆住的那个招待所。刘大庆请他们几个洗了一个澡，三个黑人立刻变成了纯种的黄种人。经过几天的休整，刘刚感觉山西没有什么出路。大家投奔刘大庆姐夫来的没什么错，错在不该一起来。刘大庆姐夫又不是局长，哪有那么大的能力一下子安排这么多人？所以刘刚建议大家不如离开山西，到最发达的地方去寻找机会。

最后，刘刚和一个哥们儿离开了山西，他们从太原直接回到了河南，想回家休息一段时间。

刘刚说："我们要想一想，想好了再出去，不能这么盲目地瞎闯了。"

深圳啊，深圳

刘刚在家里只呆了五天。

在外面混的滋味的确不好受，不是一般的不好受，而是百般千般的不好受。但是在家呆着也不好受，家里穷，三间茅草房，四面都是墙。抬头见老鼠，低头见蟑螂。天天糊糊粥，饿得心发慌。孤苦又寂寞，面对爹和娘。这种物质和精神的双重折磨简直让人窒息，何况刘刚的老娘对他离家出走的过火行为耿耿于怀，一直不给他好脸色，所以刘刚决定还得走。很多朋友都劝他："外面也挣不到钱，那么苦，出去干什么，在家混日子呗！"

"外面是苦，但是不出去将来不是更苦、更没有机会吗？毕竟现在还能走动，赚不到钱，出去走一走长长见识也是好的，比在家混日子有意思。"

刘刚和他的那个伙伴就这样又悄悄地踏上了他们另一段未知的流浪征途。

这次他们选择了深圳。刘刚的朋友说："咱村的刘玉志在县外贸局当局长，听说县外贸局在深圳有一个工程，刘局长肯定在深圳，咱们就去找刘局长，都是一个村的，五百年前都是一家，都是刘邦的子孙，肯定能帮咱们找个工作。"

"要是找不到刘局长怎么办？"刘刚问。

"找不到刘局长咱们就……自己想办法呗……"

刘刚笑了："你能有什么办法？"

“那不是你说的吗，出去见识见识也是好的。”

……

扒火车，睡在火车椅子底下，甚至拣盘子底，就这样像逃荒一样，他们满怀着一腔奔向希望的热情，经过七八天的摇摇晃晃，终于来到了向往已久的改革开放的窗口。

然而这个“窗口”简直太大了，那直插云天的巨大高楼让他们感到眩晕，那风驰电掣的靓丽轿车让他们感到颤抖，那穿着时髦的妙龄少女让他们热血沸腾……他们激动、自信，仿佛已经成为了这个美丽城市的一员。

然而，接下来所经历的一切却把他们的热情击得粉碎。刘刚和伙伴只知道刘局长的工地在龙岗，并不知道确切的地址。深圳那么大，龙岗也那么大，肚子里的墨水又那么少，口袋里的钱也那么少，到哪里去找五百年前是一家的局长，怎么找？

本来说要好好谋划一下再出来呢，难道这就是他们所谓的谋划？真是嘴上没毛，办事不牢！你说在家的时候都是一个村的，有什么不好张嘴的，再不好张嘴到深圳了你不是还得张嘴吗？但是这偌大个深圳有谁认识河南省一个小县城的外贸局长呢？相反，在小村子里，又有谁不认识大县城里当局长的刘玉志呢？问谁都能问出一些想要知道的信息呀！现在怎么办？

清晨，浓雾轻笼着红绿相间的荔枝园，露水一滴一滴地滴在刘刚满是灰尘的脸上。腿像灌了铅一样地沉重，又麻又疼，脖子和肩膀却像喝了醋一样，酸酸的，躺在那里一动都不想动。真想就这么无休无止地躺下去。闻着荔枝清爽甜蜜的果味，浓雾轻抚着疲惫的身体，似乎还能感觉到一丝丝的凉爽，似乎让人有那么一丁点的惬意。

刘刚和那个一起来的哥们儿辗转于各个工地之间，用深圳人听不懂的河南话与他们河南人听不懂的深圳话费力地交流着、比划着。太阳毒辣辣地将热量倾泻下来，把大地晒得滚烫，也把刘刚和那哥们儿的后背晒得秃噜了皮，那真叫如芒在背。再看脚丫子，两个人脚底下都磨起了血泡。没有钱，也没有明确的目标，所以两个人就这样一步一步地用脚丈量着深圳广袤的土地，真难为了两个16岁的河南少年。两个人都动了回家的念头，可是把口袋里那几个钱拿出来一碰，只够一个人回家的路费。就这样，刘刚把口袋里那一脚踢不倒的几个零钱都给了那哥们儿，他则成了一个真正的孤家寡人。

此时，刘刚躺在荔枝树下，想着心事，不知不觉两行眼泪就流了出来。真难！家里真是穷，没有一点吸引力，没有回去的理由。外面的世界的确精彩，但是又是两眼一抹黑，要钱没钱，要朋友没朋友，怎么在外面混？

刘刚想了半天也没想出什么辙来，悄悄地站起来，用荔枝填饱了瘪瘪的肚子，又上路了。必须找到那个局长的工地，不然自己可能就交代在这改革开放的窗口了。

这天上午，刘刚险些被送到派出所。

刘刚从早上走到中午，天又热，汗水把衣服全都湿透了，脚下原来的血泡破了，开始往外渗血，边上新的血泡又出来了，早上吃进肚子里的荔枝早就变成几泡尿撒在了深圳的各个犄角旮旯，肚子那个饿啊。就在这个时候——从一个工地往外走的时候，刘刚看见门口有两截大拇指粗的钢筋，能有一米半长，刘刚想也没想，顺手就把它们拣了起来。刚走了五六十米远，就听后面在喊："站住，拿钢筋的，你给我站住！"

刘刚回头一看，一个保安从后面冲自己跑来，那保安不容分说上去就把刘刚的胳膊扯在手里了："你小子，是找人吗？我看你是找揍吧？走，跟我上派出所！"

刘刚可吓坏了，说："我不是小偷，我一天没吃饭了，脚也磨起泡了。"说着刘刚把那露了脚趾头的胶鞋脱下来，一股霉臭味扑面而来，把那保安熏了个趔趄。刘刚再把自己满是血泡被血水浸泡的恶臭的脚丫子伸到保安面前："你看这大血泡！实在走不动了，要找的人老也找不到，又累又饿，在门口看到这两根钢筋就顺手拣起来了，不是故意的，我也没多想……”

看着刘刚可怜兮兮的样子，保安竟然把紧握着的手松开了，甚至那两截钢筋也没往回要，就这么让刘刚走掉了。

刘刚把手里的两截钢筋卖了不到十元钱，虽说少得可怜，但那天刘刚有了坐公交车的银子，效率自然提高。也是苍天有眼，天道酬勤，那天刘刚还真的找到了刘局长的工地。但是刘局长的工地并没有刘局长，刘局长的外贸局在河南，他不可能天天呆在深圳的工地上啊。这是16岁的刘刚当时没弄明白的事情，听说刘局长所在的外贸局在深圳有工程，就想当然地认为刘局长在深圳，闹了一个天大的笑话。

别看刘刚才16岁，还真能泡，硬是获得了工头的同情，工头给远在河南的局长挂了一个长途电话，把刘刚的事情和局长说了，毕竟是老乡，毕竟五百年前是一家，毕竟是局长，他告诉工头：“给他找个轻快点的活儿干吧。”

就这样，在刘刚苦苦的坚持下，终于在深圳找到了立脚的地方。

工头的确按着局长的指示给刘刚以很大的照顾，安排刘刚给运送土石方的大货车发放工票。大货车拉来一车土石方刘刚就发一张票给他们，然后他们凭着这个票到财务部门去结算。

刘刚的权力可是不小啊，多给大货车发几张票自己可就发家了。

但16岁的刘刚还是有一定的做人原则的，再说那时候他也没有这个胆，就算有胆他也根本想不出那样的猫腻。他说了：“咱不能干那事，谁给咱第一口饭吃，咱是不能忘了的。那样干将来还怎么在外面混？”

“工头天天骂我，说我笨。我当然是笨了，人家都是二三十岁的老爷们儿，我一个16岁的小生犊子，什么世面也没见过，可不傻吗？可是他天天骂我却一直用着我，他说我老实、可靠。这就是我的资本。”

孔子当年教诲曾子：“君子不以利害义，则耻辱安从生哉。”这话说得多好。刘刚当然没有读过《论语》，但是16岁少年的淳朴却在行动中践行着孔夫子的《论语》。

别看就是给大货车发发票，但是对一个16岁的孩子来说，还是挺够受的。深圳那地方夏天气温能达到三十七八度，中午能达到四十度以上，而且那是气温，地面温度绝对能达到五十度。刘刚穿着一件半个月没洗过一次的破背心，在工地上就那么站着，一站就是一天，每天晚上大腿都发麻、肿痛，后背让太阳晒得火烧火燎的，隔几天就蜕一层皮，脸上的汗水和着尘土，黑一道黄一条的简直没个看。

看着刘刚遭罪的样子，工头也挺心疼的，觉着这个孩子是个可造之材，但是在工地上干的确不太合适，就和刘刚说："我有个朋友在大连做生意，你去找他吧，我给你写一封信，让他给你找一个适合你干的活。"

刘刚还真是遇到了好人，像接力一样，刘刚在大家的帮助下就这么没有目标地向前奔跑着。

很多时候，我们的确并没有明确的生活目标，但是只要我们不断地向前走着，可能那目标在迷茫的雾色里逐渐就清晰起来了。

□ 初到大连

原来，工头的朋友在大连开着一家洗浴中心，租的是大连开发区海滨花园别墅的房子，对当时的刘刚来说那洗浴中心已经是相当豪华的了。刘刚被安排在这里当服务生，比站在太阳底下晒着可是轻松多了，而且晚上的住宿条件也比深圳的工地强百倍，刘刚有点儿心花怒放的样子。可是好景不长，刘刚到这里不到一个月的光景，这洗浴中心老板不干了，把浴池兑给了别人。刘刚那个郁闷啊，他担心自己被新来的老板给炒了鱿鱼。还好，新老板观察了一些日子，他认为不好的都裁了，认为好的就都留下了。刘刚这些天干的那是没挑的，本来就比较实在，加上对自己未来命运的担忧，工作起来更是起劲，所以刘刚被留了下来。

工作了一段时间之后，刘刚发现搓澡的活儿比较赚钱，而且店里从事这项工作的人还不够，于是刘刚决定给人搓澡。人实在，工作认真，加上会来事儿，刘刚在这里干得不错，结识了在花园别墅里工作的很多人，也接触了来这里洗澡的很多有档次的客人，他们对刘刚这个人都比较认可，于是刘刚在这里干搓澡干了一年左右的样子。干得正好着呢，新老板又不干了，刘刚再一次失业。

失业这段时间是令人难熬的。吃的地方没有了，住的地方也没有了，最重要的是没有了进银子的渠道。好在工作期间认识了一些这里的哥们儿、姐们儿，于是刘刚就厚着脸皮在花园别墅里混吃混喝，今天在你这里混碗饭，明天在他的床上挤一宿，日子过得很艰难。就在这里干的时间最长了，也是在这里认识的朋友最多，所以刘刚认为在这里混比到别处去混有更多的机会，因为朋友就是金钱，就是机会，有人脉就有财路。所谓四海之内皆兄弟，其实也就是这样一个道理吧？

机会终于被刘刚等着了。花园别墅里一个姓王的姐们儿的男朋友在开发区开了一个五金店，要找一个跑腿的。王姐们儿觉得刘刚这人不错，就把他介绍给了自己的男朋友。就这样，刘刚开始在昌临大厦里给人家当起了售货员。这活儿说好干也好干，说不好干也不好干，毕竟刘刚在洗浴中心干了一些时日，有了一点儿能说会道的本事，人话鬼话还都能说上几嘴，人也不像在深圳的工地里那么土气了，这活儿还真干得不错，腿也勤快，顾客要的东西如果自己家里没有刘刚马上就会到“仓库”满世界给找去。老板高兴，顾客也高兴，而刘刚自己也学会了“混世”的本领。

在这里整整干了一年。可能是当时开发区的人气还没有积聚到应有的程度吧，这王姐们儿的男朋友也没赚到钱，在柜台租赁合同到期的时候他坚持不下去了，收拾铺盖卷回老家去了。但是这老板还挺负责任，把接力棒传下去了，他看刘刚这小子不错，就把他领回了自己的老家。这样，刘刚从祖国最南端的深圳辗转来到大连，这次曲曲折折地跟着老板又来到了中国的最北端——黑龙江。

老板回黑龙江又干起了老本行——倒腾煤炭，刘刚负责晚上给老板看煤场。煤场在城乡结合部的一个很偏僻的角落，晚上这里一点鬼动静都没有，静得让人发毛，偶尔有点动静也就是狺狺的狗叫，像狼嚎一样。别说看煤场了，要是真来人偷煤、抢煤，刘刚也就有钻床底下筛糠的份，也就那么回事，有个人在那里总比没有人强。

刘刚晚上给老板看煤场，实在犯困才猫一觉。白天还要给老板跑腿，只有没事儿的时候才坐在凳子上睡一会儿。要是不睡，他坐在那里就一个劲地打哈欠，像抽大烟一样。那个时候，刘刚已经19岁了，正是长身体的时候，也是最能吃最能睡的时候。刘刚实在是坚持不下去了。

就这样，刘刚在黑龙江的煤场和老板一起“倒霉”三个多月，他再次回到了大连。

给自己打工

1994年，从黑龙江回大连不久，经过反复思考，刘刚觉得到了该结束这种四处漂泊的生活的时候了。出来闯荡为了什么？就是要混出个模样。刘刚说：“不是有一句话吗，不想当元帅的士兵不是好士兵。当时不知道怎么我就想起了这句话，我想，不想当老板的打工仔也当不好打工仔。所以我决定自己当老板。”

这是刘刚在外边闯荡三年的收获。所谓读万卷书，不如行万里路；行万里路，不如阅人无数；阅人无数，不如名师指路；名师指路，不如踏着成功人的脚步！刘刚终于在社会这所大学获得了“博士”学位，他要开始“博士后”的实践活动了。

世界是你们的，也是我们的！为什么这么大的世界就没有我刘刚的立足之地？说要自己干，其实刘刚并没有钱。当时兜里一共有1000多元钱，这就是刘刚有生以来最大的一笔财富了。

刘刚在五金店老板那里干的时候熟悉了那个行业的朋友，也熟悉了那个行业的规矩，刘刚决定从这里着手。他在一个朋友的门市里租了一个柜台，一个月600元，可以先欠着，又在朋友那里赊了一些货。原来老板回黑龙江的时候还剩了一些破东烂西，和老板打过招呼之后，刘刚也把那些东西弄到了自己的柜台里，这算把自己的一个柜台摆满了。有朋友就是好，手里攥着自己的1000元钱还没动呢，生意已经可以开张了。要不怎么说朋友就是财富呢？店面虽然很小，但那毕竟是自己的，不管别人怎么看，自己看上去心里就觉得踏实。

在这个小不点的店面里一共干了将近1年，刘刚手里攒下了3000元钱。刘刚别提有多高兴了，从16岁开始出来闯荡，给别人干了3年，手里才积攒了1000元钱，自己干了不到1年，手里已经攒下3000元钱了，这效率简直没法比。刘刚当时并不太会算这笔账，他用计算机反反复复地比量，要不是周围有人，他恨不得把脚趾头也拿出来掰一掰了。最后刘刚得出了一个让自己都非常吃惊的结论：自己当老板干1年顶上给别人打工干10年！

1995年年初，有人承包了大连开发区物资公司的商场，刘刚抓住这个对自己来说非常重要的机遇，来到了物资公司的商场，扩大了经营的规模。也是在这个时候，刘刚终于有了一个自己的小窝，结束了没有住处的状况。在物资商场的院子里有一个警卫用的小亭子，现在商场都承包出去了，小亭子没用了，刘刚每个月80元钱租下了这个亭子。面积不到5平方米，放一个床之后一个人勉强够转过身来。然而，就是这么一个巴掌大的地儿，刘刚为之奋斗了5年。一个人毫无背景地在外面打拼，容易吗？

这期间，刘刚遇到了他生命里的又一个贵人——田文龙。刘刚是在给人搓澡的时候认识他的，那个时候田文龙每次到花园别墅都是找刘刚搓澡。有一天田文龙突然在商场里遇到了刘刚，这才知道了刘刚的情况，而田文龙此时正在承包一个工程。没的说，刘刚很自然地就成了田文龙的供货商。田文龙要什么刘刚就给他送什么，田文龙说了：价格由你看着办，不能随便乱来，但是你也要留有足够的利润空间。就这样，两年下来，刘刚赚下了他的第一桶金——5万元人民币。

刘刚是一个比较有思想的人。有了5万元之后，他开始琢磨了，老是这么像无头苍蝇一样地对缝，干这种杂七杂八的东西不是长久之计，要有自己的主打项目。就这样，刘刚在经过市场调查的基础上选择了轴承和皮带。

刘刚是这么想的：开发区的企业多，而且都是外资企业，自动化程度高。自动化程度越高就需要越多的自动传输设备，这就必然要用更多的轴承、皮带。

而当时，开发区的很多经营项目还处于起步阶段，很多进口轴承都需要从广州、北京、上海进货，因为规格太多，价格太高，很多商家都是现买现卖，不存现货。而这样干的结果就必然导致了价格高、供货周期长。

刘刚一干就和别人不一样。他根据客户的需要少量备货。每种规格的轴承，客户要一件他就进两件，渐渐的他的存货就多了起来。由于都是有针对性的备货，他的货从来都不会在手里压太长时间。减少了进货次数，缩短了供货周期，逐渐地刘刚就在开发区站稳了脚跟，他的轴承就代表了开发区的新潮流，很多经营轴承的业户开始到他这里来串货了，他成了众多轴承经营业户的“仓库”。一些特型的轴承、异性轴承、非标准的轴承，一些偏、冷、少的轴承，别人没有的，刘刚都有。

刘刚终于完成了他自己的华丽转身。

□ 炕头猫变成华南虎

2003年7月，刘刚所在的商场动迁，他来到了开发区连发五交化商场。当时他的库存商品一共是18万元，手里一共有5万元存款，应收款大约也有5万元，加上一点简单的设备，一共有30万元资产。这就是刘刚的全部家当了。

2007年7月，刘刚的腰变粗了，连发公司已经装不下他了。他自己注册了一家公司，叫欧亚特轴承有限公司。刘刚一共在连发公司待了整整4年，走的时候资产是多少呢？库存商品150万元，银行存款30万元，应收货款20多万元，两套住宅，自用一套，出租一套，现代伊兰特轿车一台，合计总资产达300多万元。仅仅4年的功夫，一只炕头猫变成了一只华南虎，资产膨胀到4年前的10倍。

回顾刘刚的创业经历，可以总结为以下这么几条：

第一，敬业。业精于勤而荒于嬉。刘刚虽然没有学习过《论语》，但是社会这所大学使他懂得了这样的道理。刘刚从一个16岁的打工仔发展到今天，深知这一切来之不易，因此他把这个小店当成自己的生命一样。举一个最简单的例子：有一次一个朋友中午举行结婚典礼，大家都到了，唯独刘刚没到。有人给他挂电话，刘刚说："我走不了，办公室没人。"结果，那天刘刚的份子钱拿了，婚宴却没去参加。刘刚后来和朋友们讲述他的"刘氏理论"："办公室里任何时候都不能离人，无论你有什么事情，办公室里没有人我是绝不会离开的。来人就是来钱，来电话就是商机，也许你在屋里待了一上午都没有买卖，但是也许你离开十分钟的功夫，客人来了、电话来了，结果生意没了。"

第二，管理到位。刘刚的生意不大，但是他从干轴承那天起就想着要把生意做大，这是刘刚今天成功的重要因素。当时刘刚的总资产也就5万元，可是他不惜投入1万元购买了电脑，花1万元购买了《管家婆》软件，一开始就引入了微机管理。他把所有商品按进、销、存分别录入计算机中，又把所有商品按规格放置到编有号码的包装箱中。这样，顾客要什么规格的轴承，只要在计算机中把编号输入进去，马上轴承的价格、库存数量、产地、存放地址等等信息都一览无余。虽然当时只有5万元左右的资产，但刘刚并没有因为规模小而放任管理。

第三，不断学习。孔子说：学不可以已。就是说学习不能停止。刘刚的文化水平不高，只有小学文凭，但是现在他可以和很多轴承方面的高级工程师、专家一起交流，为外资企业的技术人员讲解轴承方面的技术、知识，指导企业的技术人员选型、配号、替代……这些东西来源于哪里？就是不断学习，不仅从社会这所学校学习人生的经验，也从书本里获取科学和技术知识。

第四，商品规格全。客户要过的规格刘刚一律记录在案，什么时间要的，需求量多大，要货周期大致是多长时间，联系人是谁……能记录多少记录多少，定期联络。

第五，有定力。干的时间长了，有了一些同行的朋友，大家经常在一起喝酒聊天，常常听这个说谁谁赚了多少，又说谁谁发了，再就是说做什么什么最来钱，等等，等等，不一而足。有些朋友就把持不住，今天干这个，明天干那个，这一耙子那一扫帚，始终不能做大。刘刚自从1997年干起轴承之后，没变过样。他的理念是：一着鲜吃遍天。

第六，守法经营。这可能是刘刚在多年漂泊生活中总结出的一条重要的经营理念。

总结出来的纲纲条条是比较枯燥的，其实刘刚很多的经商实务远比文字精彩得多。生活永远是鲜活的，而文字永远是有局限性的。

对你而言也是如此，临渊羡鱼远不及退而结网。如果你也想使自己的生活精彩起来，也想来一个从炕头猫到华南虎的惊人蜕变，那就只能拉出来遛遛了。这样一遛，你就知道自己到底是骡子是马了。与那些依然在瞻前顾后、左思右想、一筹莫展的人相比，刘刚的过人之处在于，他是个行动派。

我有一个梦想

张和

祖籍吉林省长春市双阳区山河镇，祖上世代务农，现年54岁。1997年扔下锄杠，拎起焊枪，挈妇将雏，勇闯大连，一家五口在大连开发区落地生根。现为荣成铝塑加工有限公司经理。

最糗事 与同村朋友合伙承包200亩苞米地，苦干一年，合作以每人赔3000元钱而告终。

邮　箱 目前还不知道此为何物。

电　话 13478622648

放下锄杠，拿起焊枪

张和的胆量叫人佩服。他原来就是长春市农村的一个42岁的普通农民，怀里揣着七拼八凑的5万元钱，带着老婆领着三个都没有成年的孩子，说来大连闯荡就出来了。什么生意也没干过，什么技术也没有，就是有胆量。

2000年，张和花3.5万元钱在大连开发区租了一块地方，干起了铝合金加工和塑钢制作的买卖。没有住的地方，大家就在门市房里挤着住，天棚上是吊铺，工作台白天干活，晚上也变成了床铺，夏天的时候甚至在手推车上也能将就一宿，真是能吃苦。

就这样的条件，家乡的亲戚来到之后竟然能和他们在一起一挤就是一个月，临走的时候还说呢："这里条件多好啊！"

真不知道他们的家乡会是一个什么样子，但由此却知道张和为什么这么能吃苦了。

从来没碰过铝合金，没干过塑钢加工，张和每月拿出1500元钱从外边雇大工，然后自己和孩子再跟雇来的大工学习，那真是放下锄杠就拿起了焊枪，你不佩服都不行。

活儿多的时候资金周转不开，付高利息向老家的亲戚朋友借款，仿佛就没有能难住他们的困难。

……

这么说吧，你能想到什么样的困难他们就能遇到什么样的困难。一个已过不惑之年一直在家种地、两手空空、两眼一抹黑的农民，突然挈妇将雏闯进了物欲横流、繁华浮躁的现代都市，面临的将是怎样一幅虚幻迷茫的图景呢?

但张和没有退缩，他坚持下来了。你想，要是中国的农民都像张和这么能干，恐怕贫困线以下的人口就会减少很多了。

为啥不让干铝合金啊？

张和一家世世代代生活在吉林省长春市双阳区山河镇，一直以种地为生。家里两个男孩一个女孩，老大是男孩，另外两个是龙凤胎，都是15岁。孩子说长还不快？几年蹭蹭就成人了，就现在这物价，就凭家里那几亩薄田，将来拿什么给孩子结婚？张和的确发愁，你看他脑门上那蜿蜒曲折的抬头纹吧，全是想辙累出来的，但一直也没有想出什么好辙。

1999年，张和与同村的两个朋友想出了一个辙，他们三个合伙承包了200亩苞米地，那一年还真赶上了一个风调雨顺的好年景。他们播种、施肥、浇水、除草、看青、收割、晾晒……秋后把粮食全卖出去之后一算账，你猜怎么着？每人赔了3000元钱！

窝不窝火？搭上了3个人一夏天的全部精力、资金、时间，本以为找到了一个发家致富的道道呢，哪承想是个大窟窿。世代农民，什么本领没有，能干什么？难啊！

村子里早年有几户人家在大连干铝合金加工，一户带一户，这村子里就有二十多户到大连去干铝合金了，听说都发了。张和当然知道这个事，也琢磨过，但是这铝合金是谁都能干的么？张和说："咱以前都没听说过啥叫铝合金，现在听说了，但是从来都没见到过那铝合金是什么样的，听说没有个十万八万的根本就干不起来，上哪去弄十万八万的？"

没事的时候张和也坐在自家门前的树下做白日梦：什么时候自己也能到大连开一个铝合金加工厂？那一段时间，张和满脑子里想的没别的，就想着干铝合金加工那点儿事，他把这当成了自己的梦想。每天早晨起来，望着棚顶就发呆，仿佛在说：我有一个梦想——到大连开一个自己的铝合金加工厂……美国的好莱坞有梦工厂，而张和也想着建一个自己的梦工厂呢。别说，后来张和这梦工厂还真让他建起来了，他的美梦还真做成了。

说到这儿，不禁想起一个小故事，那是张和2000年到大连开发区之后的事情了：

当时张和和他表弟一起合租了一套房子，在连发商场的隔壁，后来他表弟把房子又转租给了自己的大哥，当然了也是张和的表哥。张和的表哥有个外孙子，有五六岁吧，整天就吃住在铝合金加工门点儿。但别看他小小年纪，满脑子想的全是铝合金。那天从幼儿园回来不好好写作业，一门心思在外边玩，孩子的姥姥就说了："不学习没出息，看你将来干什么？"

孩子回答得很爽快："长大了我干铝合金！"

孩子的姥姥说："咱好好学习，不干铝合金，干铝合金没出息。"

想不到，孩子听姥姥说不让干铝合金，"哇"地一声就号啕大哭起来，一边哭嘴里还不停地嘟嘟着："为啥不让干铝合金呀？为啥不让干铝合金呀……"

在这个五六岁孩子的脑海里，世界上最赚钱的工作可能就是铝合金了。你不让我干铝合金我干什么？他能不哭吗？孩子的姥姥只好蹲下来哄孩子："长大了让你干铝合金，啊？干铝合金……"

这样孩子的哭声才停止了。可见在张和这些老乡的眼里，铝合金的分量有多重。

办法总会有的，就看你敢不敢想，敢不敢干。张和与老婆一琢磨，还是得出去闯，就守着这几亩田将来还不得饿死。张和的大舅哥家境不错，张和与老婆硬着头皮去和大舅哥商量，最后达成了一个合作协议，大舅哥与张和各出资50%，大舅哥派女儿管理账务，五五分成。

从大舅哥家回来之后，张和兴奋啊，马上往大连打电话，让表弟帮忙租门市房。就这样，张和与表弟以及一个同村的老乡3个人在开发区最繁华的地方合租了一套300多平方米的门市房，张和那部分每年租金3.5万元。他终于如愿以偿地干起了铝合金生意，有生以来第一次当上了老板。

他们所在的那条街里一共有40多家干铝合金加工生意的，全是张和他们山河村的，曾经有人逗他："听说开发区要把这条街改名了，改称山河街。"

张和还以为是真的呢："是吗？什么时候改？"

这些人最开始都是做铝合金的，后来因为铝合金能耗太高，密封性还不好，国家开始推广塑钢，于是这些干铝合金的门点就既干铝合金又干塑钢，家家都两套工具。张和来的时候正赶上铝合金和塑钢交替的阶段。塑钢加工比铝合金加工更复杂，铝合金的连接是靠铆接，通过铆钉、自攻钉将两个部分连接在一起。塑钢比较软，靠铆接不行，需要焊接，而且需要专用的焊接设备。当时一个焊机就得两万多元，很多刚干的小家都没有能力购买焊机，张和也一样，需要焊接的时候他得花钱到别人的焊机上焊接，所以那个时候一聊天，中心话题就是盼望着什么时候有钱了买一台大机器——塑钢大型焊接机。没干铝合金的时候满脑子想着的都是铝合金，干上了铝合金，满脑子想着的是大机器，张和又开始了他大机器的美梦。

老张家的三国鼎立时代

人是应该有梦想的，不仅应该有梦想，而且要不断地超越梦想。现在人家张和不就在超越自己的梦想吗？

开始他梦想靠承包土地致富，这个梦灭了；他又开始做铝合金的美梦，这个梦圆了；现在他想着要把自己的事业做大，又开始梦想有个大型塑钢焊接机……在这种不断超越自己、超越梦想的过程中，张和享受着每一次超越的幸福和快乐。

毛泽东说过：卑贱者最聪明，高贵者最愚蠢。千万别瞧不起农民，早个三十年五十年的，谁不是农民？农民的动手能力强，农民勤劳、能吃苦，农民家里穷，但是没有负担。到大连半年的时间，人家张和、张和的儿子就把铝合金加工、塑钢制作的那点技术全部学到手了，即使没有大工，他们自己也什么活儿都能完成了。加上张和比较敬业，两个孩子也算比较听话，他们的活儿多得都干不完，有时候接到好活儿，一天赚的钱比在家一年种地赚的都多。

2003年的时候，张和一家付全款购买了他们的第一套楼房。那可不比老家的土坯房，两万三万就垒起来了，这一套房没有三五十万的，想都别想。

2004年的时候，张和梦寐以求的大机器终于抬进了他的加工点，那心花怒放的劲头，比做梦娶媳妇都带劲。

2005年的时候，张和的大儿子结婚。

2006年的时候，张和的大儿子买回了一台菱帅轿车。

2007年的时候，张和购买了他们家的第二套楼房，同时二儿子也结婚了。

2008年的时候，张和一家在长兴岛购买了第三套楼房，租给了别人，当起了房东。

……

孩子一个一个的都大了，新的问题出现了。两个儿子都各自组成了自己的小家庭，住进了楼房，女儿在一家合资企业上班，吃住都在公司，基本上安排得都不错，只剩张和夫妻俩还住在铝合金加工点了。但是两个儿子虽然住了楼房，还不行啊，儿子有了老婆，老婆马上有了孩子，得养家糊口啊，于是想要另立门户也开一个铝合金塑钢加工点，但没有那么多钱。如果不另立门户，就得和父母在一起一锅搅马勺，总得仰人鼻息，什么时候能有自己的门市？

后来，张和想出了一个办法：

张和、大儿子、小儿子还聚在这一个加工点里干，关起门来还是一家，但是单独核算，个人算个人的。谁揽到活儿谁自己买料，谁自己加工，如果别人没活儿互相帮助。干活剩下的边角余料算公共物品，放在那里供大家使用。儿媳妇负责照看孩子，张和的老婆负责大家的后勤服务，这样就省下了两份房租。

老张家的三国鼎立的时代就这样来临了。

亲兄弟也要明算账，这是中国的古训。你看人家张和这笔账就算得不错，房租省下了，购买大型机器设备的资金省下了，而且设备的利用率也提高了；大家的生活热情不断高涨，积极性也调动起来了，收入也水涨船高；怎么说也是一家人，父子、兄弟，不至于像外边竞争那么激烈，有小活儿各自为战，有大活儿协同作战，既有灵活性又具有战斗力。

高，实在是高，比诸葛亮的招还要高！

那天与张和聊天，看着他满足的样子我问他："等哪天小姑娘也出嫁了，还想干点什么？"

张和摇晃着脑袋说："能干还是得干，人总得做点梦、想点事、干点事。我在老家养了一群梅花鹿，这边干不动的时候我就回家养梅花鹿去。"

他就是这样一个不知足的农民，就是这样一个喜欢做梦的农民。我想，等中国这些有头脑有胆量的农民的美梦都圆了的时候，我们中国小康的美梦也就圆了。

一个“网络英雄”

10 石万祥

现年42岁，具有赌徒风格的勇敢创业者，万祥丝网有限公司董事长。因赌博输钱，为躲避老婆纠缠而开赴大连创业，从一无所有到身家百万只用了3年时间。

最得意 一个跑长途运输的老板，在给石万祥送货的过程中眼见他从无到有的发家史，于是把自己的汽车卖了，也学着石万祥卖起了铁丝网。

邮　箱 只懂丝网不懂网络。

电　话 保密。

告别赌场赴商场

2004年正月初七晚上，石万祥怀揣着5000元钱，来到了邻居王老五家。那可真叫热闹，东边地当央的桌子上人们正在那里玩斗鸡（以扑克为工具进行的一种赌博），西屋地当央则是一桌麻将。地上到处是烟蒂巴，空气中弥漫着一种辛辣的尼古丁味。石万祥先是在麻将那伙人后面转了一圈，然后点燃了一支烟，又到斗鸡那堆人背后观看了好一会儿，最后他把手中的烟蒂往地上一扔，从口袋里掏出200元钱："我押二百。"石万祥就这样意气风发地融进了这正月里史家庄最快乐的人群里……

凌晨4点钟，石万祥输干了口袋里的最后一张大票，他眨吧眨吧自己输红了的小眼睛，自我解嘲地说："都给了你们了，这回也舒坦了，你们拿去输吧，老子要上大连了……"

其实人们都紧盯着自己手中的扑克牌呢，根本就没有人搭理他。他自己也觉得没趣，讪讪地走进了茫茫的夜色里。

5000元输得干干净净，昨天晚上出门的时候跟老婆打过保票的："他们那点文化水平根本就不是我的对手，你在家等着数钱吧！"

河北话有点垮，"数钱"和"输钱"的发音是一样的。老婆听了石万祥的话就别扭，说："你个乌鸦嘴，我不在家等着输钱，我等着你赢钱！"

"好，你等着，就我这文化水平还不赢死他们，你等着输（数）钱吧。"

还是输钱，说的还真准。现在口袋里分文皆无，怎么向老婆交代？看来什么事都别说得太满。石万祥一边走一边想着自己的心事，不知不觉地来到了他姐家。

他姐、姐夫正好在厨房里煮饺子呢。

石万祥也不客气："包饺子呢？怎么知道我来呀，还挺客气。一会儿我在你们这里吃，吃完了给我装车，我今天就走。"

石万祥的姐姐说："不是说初十走吗，怎么提前了？车都定好了？"

"那还不好说，给老王打个电话不就得了。"

……

就这样，为了摆脱赌输5000元"巨款"的尴尬，为了躲避老婆的纠缠，他竟然和老婆不辞而别。临走，石万祥和姐姐打招呼："给我拿1000元钱，另外过会儿你告诉灵灵一声，就说我去了大连了，等都安排好了我再给她来信儿，让她跟着送货的大车去就得了。"

石万祥办事的确有个性。那还是年前，也就是半个月之前，石万祥一个人在大连考察市场，在开发区一家经营五金交电的商场看好了一个地方，和商场经理交谈了半个多小时，也没签什么合同，他只交了200元钱定金，要了一张收条，便扬长而去了。那意思很明确：过了年愿意来就来，现成的地方，不愿意来200元钱权当打个水漂，不伤筋不动骨。这不，在人家没有任何准备的情况下，这小子拉了满满一车的货就杀来了，给那商场经理来了一个措手不及。

还真有那么一股闯劲。

□ 别小瞧我们这个"网络"

你知道石万祥是做什么的?

石万祥干的和这家商场里的其他人可不一样，他干的可是"高科技"，是当下最时髦的项目。那天商场经理向一个朋友介绍石万祥："这是我们石经理，IT精英，干网络的。"

朋友的眼睛一亮："看不出来呀，我正好要买几台电脑，什么时候帮我选选？"

石万祥并不吱声，只是嗤嗤地笑。

朋友说："怎么着，嫌买卖小，不稀的做？"

于是大家狂笑，把经理那位朋友笑得如坠五里云雾。

经理问朋友：“你还真信啊？我们这位是干网络的不假，但是干的不是你想要的那种网络，这位干不锈钢网、钢板网、铝网、铜网、滤网、筛网、尼龙网……”

“你们就逗吧，这他妈的哪和哪呀？”

石万祥这才说话：“你不要小瞧我们这个‘网络’，五金好歹也是我们河北省的强项，这东西不比你们那网络差，现在什么地方也少不了。像现在的塑钢窗有纱窗不是？得用我们的尼龙网、不锈钢网；像企业用的护栏，那也得用我们的钢板网、喷塑网；还有企业的车间里头，那得用我们的过滤网、筛网。打去年开始，国家好像下发了什么文件，规定北方的所有建筑房屋为了节能必须使用保温板……”

朋友有些不愿意听他吹了，抢白了一句：“这和你的那些网络有什么关系？”

石万祥说：“那可关系大了。保温板挂不住水泥不是？所以上面也要覆上一层铁丝网。还有现在你们住宅楼上搞的地热，为了提高承重强度，地热管网上面也要加上一层铁丝网……别看现在到处都离不开你们那英特网，其实也离不开我经营的这些网。”

当年雷锋精神讲“干一行，爱一行”，其实这精神不过时，你看人家石万祥，对自己从事的事业也非常了解，包括国家政策人家都一清二楚，而且为自己从事这个行业而自豪。不像有些虚伪的家伙，自己明明干着这一行，然后还瞧不起自己这一行，那就肯定干不好。

朋友听了石万祥的介绍也来了兴趣：“你还一套一套的呢。”

石万祥也兴奋起来了：“我们家以前就干这个，多少年了，现在我姐姐家就干着这个，我们县城家家都干这个，家家有钱的不得了！”

“这么赚钱你不在家好好干，出来跑什么骚？”

“前两年赔钱了不是？现在没有钱搞生产了，再说现在不是楼房建筑用网最多的时候吗，出来能多卖一些。”

“在家没钱，出来就有钱了？”

“那不一样，你在家生产需要钱购买原材料不是，原材料得上外面买，没人赊欠给你不是？我出来卖的是成品，可以从亲戚、老乡、同学手里赊欠出来不是？这叫借鸡下蛋。”

用经济学理论来说，石万祥这叫“借船出海”。有时候人就得活泛一点，该放开手脚就大胆放开手脚干。不敢按揭什么时候能住上自己的房子？舍不得孩子怎么能套住恶狼？

那位朋友调侃地说：“你小子行啊！有经济头脑啊！”

“啥经济头脑，还不是逼出来的？你别看不起我们这行，其实我们比干电脑网络的赚钱。前几天经理的一个长头发朋友不是干电脑网络的吗？又是大学毕业，还懂得高科技，咋了？修一次电脑我看才给他30元钱，一个月才赚个四五千元不是？别看我刚来，做好了卖一车网把他一年的钱也赚回来了。”

“谁一下子就买你一车网？你以为你是谁？”

“我是谁？这开发区我考察了，现在包括我就两家卖网的不是？你等那些楼房一开工了，我这丝网都不够卖，你看着吧！要不我们打个赌，我今年不买一台小面包车我倒着走出开发区。”

“又来了，典型一个赌徒风格，你怎么三句话不离本行。”

“那可不是，也许不赌还来不了大连呢。”

……

这段侃大山式的聊天可谓信马由缰，满嘴跑火车。石万祥姑妄说之，大家也姑且听之，没有人会认真的。

然而，谁也没想到，石万祥说的这些话竟然一一成为现实。

赌徒的风格

石万祥没有什么文化，但是他天生就是一个经商的材料。一是这小子具有冒险精神，这可能与他爱赌有一定的关系；第二，这小子有点小聪明，精于算计。

有一天石万祥和商场里的几个朋友在那里闲聊，石万祥说：“我爸是我们村子里最有文化的人，到了我这一辈荒废了。”

一个朋友问：“你老爸那么有文化你一定也差不了哪去啊？”

“那还说啥了，和有水平的咱比不了，怎么也比你们大家有文化。”说着，石万祥用手指随便在眼前画了一个弧线。那意思是说他比商场里的人都强。

石万祥对面那个柜台的钟经理有心逗一逗他，说：“我给你写十个字，你要能认识其中的一个，就说明你也很有文化。”

石万祥笑了：“你也太瞧不起我了，十个字还认识不了一个了？咱们打赌，我要是能认识一个，你请客，我要是一个不认识，我请客。”

钟经理说：“好，咱们一言为定。”

于是钟经理就写下了下面十个字：

㚎、昰、乜、冇、罡、仚、𠮛、宂、鬱、齉

刚写完，石万祥就叫起来了：“这叫字，是些什么字？谁也认不出来，得了，还是我请你客吧。”

说请客，其实一直到现在石万祥也没请。第二天钟经理刚走进商场，石万祥就笑眯眯地抬头瞅着他嗤嗤地笑。钟经理走过去一看，这小子在手机里找字呢，把挑选出来的字都写在了报纸的天头上。钟经理一看就明白了，说：“你这是要报复我？”

“啥报复哎，你考我不是，我也考考你，你那些不像字的字我也会写了，看你认识几个？”

“我要认识一个你就请我吃饭？”

“那不行，我也写下10个，你认识5个以上我就请你客。”

“你都欠我一顿了，再请就得请两顿！”

“我请你一顿高级的不就得了！要是认识不到5个，我就把那顿饭赢回来了。”

弄了半天他还是离不开赌，这就是石万祥的风格。

……

标准答案

石万祥的第一笔买卖纯粹是拣来的。

石万祥所在的这个商场在大连开发区最繁华的金马路上，这条街一共就两家卖网的，一个是他石万祥，一个是成子。成子来得早，所以找他的人多。但是成子的胆子小，缺少点气魄。有家外资企业要做工厂的护栏网，围整个工厂一圈，两米五高，好几百米长，标的额是16万，设计图纸都出来了。外资企业的中方经理找到了成子那里，什么都谈好了，合同马上就要签字了，经理提出了一个条件，要和成子到生产工厂去看看。成子一想那还了得，我这是做的买卖，说好听了叫买卖，其实就是二道贩子，把东西买进来加上利润再卖给冤大头。你要是到了工厂，我这生意还和谁做去？结果可想而知，生意最后没有谈成。

中方经理转身来到了石万祥这里。前面的过程都一样，最后也同样提出要到工厂看看的要求。石万祥也打了一个哏，但是这小子反应特别快，马上爽快地答应了：“可以，但是我也有个条件。”

“什么条件，尽管提。”

“所有差旅费用由你们承担喽。”

“没问题。”

第二天石万祥就和对方出发了，一切都比石万祥预想的还要好。

石万祥把他们领到了自己的村子里，挨家挨户地参观，不仅向乡亲们充分展示了他的销售能力，也向外资企业的经理显示了自己的供货能力。

每到一家，石万祥都主动介绍："这是我的客户，日本独资企业的李经理，来我们这里看看。"

开始，李经理马上递上自己的名片："这是我的名片。"

对方张开手掌把手一举，和交警做出的禁止通行的动作一样："不用，有什么事情我们找石经理就行了。"

这时李经理就显得很尴尬，马上说："也好，那就把你的名片给我一张吧，以后有什么事我们也好联系。"

"不用，我们也没名片，你有什么事直接给石经理打电话就行，跟给我打都一样，一样给你最低价。"

……

走了整整一上午，家家如此，后来李经理也懒得递自己的名片和张嘴要名片了。

中午石万祥请李经理吃饭。李经理端起了一杯酒，苦笑了一下："石经理，我得敬你一杯，你行，你比成经理厉害，比我厉害，安排得不错。"

的确，石万祥安排得不错。那天和李经理敲定了这笔买卖之后，石万祥马上就给家里打电话进行了安排。

石万祥后来说了："我老爸、姐姐、姐夫接了我电话马上跑遍了村子里所有的丝网工厂，怎么说话，怎么答复对方，我都给他们定了标准答案了。这可是我的地界呀！他们相当于是给我免费做了一回广告，还免费报销了一回我探亲的差旅费。"

每每说起这事的时候，石万祥都得意地露出一种狡黠的笑意。

凡事预则立不预则废。就是说，如果事先能预料到事情的发展变化，事情就有成功的可能。石万祥就预料到了李经理到工厂之后可能发生的事情，而且预先做了必要的安排，制定了“标准答案”，所以石万祥做成了这笔买卖。反观成子在这件事情面前就过于被动了，因而他失去了一次重要的机会。

这一票生意立刻让石万祥在全村人面前牛起来了，全村人都知道了石万祥和日本人做生意的事情，都自愿找上门来赊货给石万祥。这一次的纯利润是5万元出头，是石万祥到大连来的第一个漂亮活儿，也是石万祥拣来的第一桶金。更重要的是这笔买卖为石万祥未来的买卖做了一个不花钱的大广告。

第二笔大买卖还是一个护栏网的活儿。

那天一个企业的副总自己找到了石万祥所在的连发商场，递给他一张名片。石万祥一看名片立刻精神倍增：赵成功，大雄机械有限公司副总经理。

赵总经理也要定做护栏网，但是没有预先设计好的图纸。赵经理是一个纯正的日本人，汉语说得一般，他用口述加在纸上划拉加文字描述加指手画脚的形体语言，向石万祥描述了护栏网的形状；石万祥用脑袋记忆加笔录加在纸上划拉，双方用了近半个小时，总算达成了互相认可的护栏网设计。这设计包括护栏网的高度、栏杆之间的距离、栏杆的粗细、栏杆的造型、栏杆尖部的造型、每片护栏网的大小、距离地面的高度、安装办法以及其他很多很多细节。

接着，双方又用了近一个小时的时间，总算把所有事项初步沟通明白了。价格敲定了，合同也签好了。

这时，兴奋劲还没过的石万祥望着赵总离去的背影，好久才平静下来。

马上给家乡那边的加工厂挂电话，双方在电话里这个沟通啊，嗓子都快要喊破了，彼此就是不落底。双方在眼前还好，说啊、比划、写字、画图，单纯用嘴在电话里远距离沟通就难了，说了快半个小时了，对方还有没弄明白的地方，弄不明白这活儿就不敢开工。

石万祥找钟经理来了。钟经理听了石万祥非常详细的介绍，再看了他们在纸上划拉的那些东西，再加上那个双方起草的合同，很快就把这护栏网的各方面情况弄明白了，于是钟经理在纸上给石万祥绘了一个简图，将各个地方的尺寸标注好了，在获得石万祥的首肯之后，按着石万祥说的传真号给对方传了过去。

离规定交货的时间还差三天，护栏网还没有到货，石万祥急得跟热锅上的蚂蚁似的，打电话一问，坏了！对方把栏杆上面那个尖状的装饰给弄拧歪了，根本不是那么回事。

石万祥急眼了："别管什么样了，返工是来不及了，先跟对方谈谈赔偿的条件，怎么着也得让他们赔偿，货能不能交工还不知道呢，好歹今天晚上就让它上船，无论如何明天一早上必须卸到工地上去。其他的事情到了这里再说吧。"

事情并没有像石万祥想的那么糟糕。你石万祥着急，那赵副总其实更着急。眼看着就要正式开工了，工厂还4门大开呢，能不急吗？护栏网卸下来之后，赵副总领了几个手下的小头目简单地看了一看，连个屁也没放，谁管你栏杆顶部装饰用的那个银样镴头是个什么样子，早就忘到爪哇国去了。临走的时候赵总就说了一句话："三天之内必须安装完毕！"

石万祥听了赵副总的话，简直心花怒放。因为石万祥老爸一下车就哇啦哇啦地和石万祥说了："我怕交不了差，和护栏网加工方签了一个协议，第一，先赔偿我们2万元违约金，如果对方要求返工，所有损失由护栏网加工厂承担。"

石万祥又意外地赚了2万元的外快。他领着工人一边安装一边偷着嘿嘿地笑，手时不时地就往揣了2万元钱的那个裤兜上摸一摸，摸到那两万元钱硬硬地还在，就禁不住又嘿嘿地偷笑起来。

又一个5万元进了石万祥的口袋里，石万祥的第二桶金，就这么轻而易举地完成了。

□现代版的五子登科

有一件事可以看出石万祥生意发展得到底有多快。当初给石万祥送货的那个老王，眼看着石万祥从无到有，一车一车地往大连运货，眼睛真发热真发红啊！

结果怎么着，第二年老王把自己跑了5年的大货车给卖了，不干了——没黑没夜地在路上跑，吃不饱、睡不好、钱还赚得最少，一年挣的那几个钱还不够石万祥卖一车货赚得多呢，人家石经理坐在屋里就可以数大钱！

于是这老王把自己的大卡车卖了，也到大连卖起网来了！

还有，距离连发商场不远还有一个卖网的，就是前面说的那个成子，他在这条街卖网卖了十多年了，从没想着要往钢材市场挪窝，看着石万祥的生意日益蓬勃起来，心里真是痒痒啊，竟然也把自己的门市搬到了钢材市场离石万祥不到五十米远的地方。

看到没有？这就是榜样的力量。很多生意有时候就是这么克隆出来的。其实也无所谓，市场是无限的，以他们如此规模的小本经营，决不可能垄断市场。老王不干可能老李还干，成子不干可能瘸子还干，毕竟市场是大家的，不是你石万祥一家的。

跳跃式的发展使石万祥的信心大增。到连发商场的第二年，石万祥就在大连开发区的一个钢材市场开办了第二个门市，不久石万祥的面包车就停在了连发商场的门前。2005年年底，临回河北老家之前，石万祥把面包车卖给了他姐姐，自己又买了一台别克轿车。

这小子就是走狗屎运，仿佛这热乎的狗屎总是先轮到他第一个尝试。2006年10月，一个老色鬼和二奶闹翻了，急于把藏娇的金屋处理掉，这个机会又让石万祥逮着了，130多平方米新装修的楼房，29吋纯平彩电、八成新的双人床、茶几、电冰箱、洗衣机、排油烟机，一应俱全，石万祥32万轻松拿下。这边把大房子刚刚拿下，转过年，全国楼价迅速飙升，不到一年的功夫大连开发区的房价就翻了一个跟头，按市价计算，石万祥32万买的房子绝对值65万，翻了一个跟头还拐弯。

来连发商场的时候，石万祥还什么都没有呢，不到3年的功夫，房子有了、车子有了、口袋里的票子也有了，加上妻子、儿子，这不就是过去人们常说的五子登科吗？

现在石万祥干得更大发了，连发这个小水池是养不下这么大的鱼了。2008年9月，石万祥离开了最初创业的那家商场，到金州的“金发地钢材市场”注册了一个具有一般纳税人资格的有限公司，开始向钢材领域进军。他卖钢材，他老婆在开发区钢材市场继续搞他们据以起家的“网络”。

临走的时候石万祥和商场经理客气：“杜经理，走到哪里我们也不能忘了你们，是你们给了我们第一碗饭吃！”

石万祥为什么这么说呢？这里有一个典故。

在石万祥来连发商场之前，这里是开伙的，有一个小规模的餐厅，从石万祥来连发商场那一年年初开始，餐厅正式停火。这边刚停火，那边石万祥就走进了连发。正好刚搬家，什么都没有，商场经理就把闲下来的电饭锅送给了石万祥。这就是石万祥说的“第一碗饭”的来源。

听了石万祥的客气话，杜经理摇了摇头，不以为然。其实谁也不可能靠吃别人的饭维持自己的温饱。救急不救穷，帮人一时不能帮人永远。别人是靠不住的，关键时刻还是靠自己的本事。

现在这个电饭锅可能早就被石万祥扔进历史的垃圾堆了吧？那天听朋友说石万祥开回来一台宝马754！看来生意真是做大了。

另外运气是成功的重要因素，但是魄力、本领是成功更重要的因素。很多时候，人是需要一点冒险精神的，一点风险也没有的生意是没有的，风险大回报才可能大。

一个馒头引发的奇遇

11 刘刚领

刘刚的老弟，外号刘百万，小学二年级学历，80后创业者的代表之一。第一次来大连为红焖鲤鱼、排骨炖酸菜所折服，从此对大连充满无限向往，决心定居大连。经商3年身家已达500万元以上，常常驾驶加长宝马在大连街头招摇过市，现为大连豪尼斯特有限公司董事长。

最难忘 17岁的初恋，使刘刚领从一个小屁孩变成了一个大男人。

邮　箱 honestyliu521@163.com

电　话 13998458555

□ 又见馒头

你说巧不巧？

那天刘刚领给新买的宝马520刚上完牌照，心情正灿烂着呢，驾车走到金州东山小区的时候，从斜刺里突然飞出一辆自行车，一下就顶在了宝马的车门上。崭新的宝马被自行车划了个乱七八糟，也把刘刚领灿烂的心情弄了个乱七八糟。心里那个难受啊，就别提了，比老婆的脸被人破了相都难受。

自行车上一箱子雪白的馒头被撞得满地乱滚。骑自行车的家伙倒是麻利，爬起来瞥都没瞥一眼宝马，七手八脚地开始拣地上的馒头……

刘刚领走下车，心疼地看了看自己的新车，那车门真像新娶进门的老婆被人把脸挠破了一样，但是他没发火。这是他第一次这么有涵养，知道为什么吗？刘刚领刚来大连的时候，就是骑自行车送馒头的，看着这满地打滚的馒头，他备感亲切。他低头拣起轮胎边上的一个馒头，擦去馒头上的尘土，大口大口地吃了起来，点点头，自言自语地说："像我做的馒头……"

10年前，就在这个道口，刘刚领曾经经历过一次撞车事件。

当时刘刚领17岁，刚到大连，就在这个路口里面的一个馒头铺打工。馒头铺里还有一个小姑娘16岁，是老板的外甥女。白天他们两个一起干活，晚上老板和老板娘在楼上住，刘刚领和老板娘的儿子、老板的外甥女就住在楼下的大厅里。东边两张床，刘刚领和老板的儿子住，西边一张床，老板外甥女住。反正三个孩子都小，老板和老板娘也没多想。其实老板不知道，他儿子喜欢打游戏，每天都打到后半夜两三点钟，所以这楼下就成了刘刚领和那小姑娘的天地了。日子久了，两个少男少女就产生了感情。后来，这事让老板娘，也就是小姑娘的舅妈知道了，所以她把外甥女打发去了沈阳。

就在小姑娘去沈阳那天，刘刚领的心空落落的，骑车出去送馒头的时候老走神，老想着半年来和小姑娘在一起时那些快乐的日子……

刘刚领忽然想起了女孩临走时说的那句话："等你有钱了再来找我吧。"

但是紧接着他又想起了老板娘的话："你跟这么一个穷小子在一起，一个送馒头的，一辈子都没出息。"

刘刚领就想：我什么时候能有钱呢？我有了钱上哪儿去找她呢？她有我哥的传呼号，她能找到我，我怎么找她呢？我还能见到她吗？

就这么胡思乱想着，结果刚一出道口就和一个轿车撞上了，馒头叽里咕噜滚了一地。司机肯定以前没送过馒头，也没失恋过，一点不同情此时此地的刘刚领，下车就破口大骂，还用脚使劲踹地上的馒头。刘刚领一声没敢吱，哈下腰就迅速地往筐里拣馒头，心想，一个星期的工资怕是没了……

刘刚领回想着10年前那惊人相似的一幕，眼圈里似乎已经盈满了泪水，他随手又拣起一个馒头，向那个骑车的人走去。

奇遇就在这一刻发生了。你猜这骑车的人是谁？原来是女孩她舅、刘刚领当年打工的那个馒头铺的老板。刘刚领有点不相信地擦了擦眼睛，认真地辨认着："王叔，怎么是你呢，还卖馒头呢？"

那骑车送馒头的老头向刘刚领跟前凑了凑："你是？"

"我是刘刚领啊！"

"哎呀，刘刚领啊，现在发了？开上这么高级的轿车了，这车贵呀，得10多万吧？"

"发什么发，再怎么发也没你那馒头发得好啊！走吧，王叔，今天咱爷俩找个地方喝一杯，当年要不是你收留我，可能我还没有今天呢！"

你看，10年的变化有多么大？刘刚领从一个不谙世事的小屁孩变成了孩子他爸，从一个馒头铺里的打工仔变成了一个拥有几百万的大老板。

而刘刚领当年打工的那个馒头铺的老板，10年了竟然没有任何变化，依然骑着自行车挨家挨户地送着雪白的馒头，老头儿脸上的皱纹增多了，但是馒头的味道竟然没有半点儿变化，不知道家里的存折是不是发生了变化？

值得深思啊。

馒头铺里乐逍遥

1999年3月，刘刚领从河南来到大连，投奔他的哥哥刘刚，刘刚就是本书前面说到的那个卖轴承的河南人。那一年刘刚领17岁。

刚来那天，刘刚给老弟做了两道菜，一道是红焖鲤鱼，一道是排骨炖酸菜。这两道菜要是在河南老家，就是过年的时候都很少吃到，就是吃到也不可能管够，就是管够也没有现在这么美的味道，就是有现在这么美的味道也不可能有这么多的肉在里头。没见过世面的刘刚领一边吃一边寻思：我哥现在这么有钱啊，生活这么好！天天都吃鱼和肉啊，这回我说什么都得留在大连，打死我也不回河南了。刘刚领把碗里所有的菜都吃了个干干净净，这才下桌。说实在的，刘刚领平生从来就没吃过这么香这么有味道这么管够的鱼和肉。后来，当人们管刘刚领叫刘百万的时候，无论刘刚领上多么高档的饭店，吃过多少人间美味，他都是那句话："这菜，没有当年我哥给我做的红焖鲤鱼和排骨酸菜好吃。"

当时刘刚的生意刚刚走上正轨，自己也是癞蛤蟆垫桌腿——硬挺着呢，没有更多的精力照顾刘刚领，于是每天给刘刚领10元钱，自己就上班去了。

先前那几天刘刚领还挺乐呵，每天拿着老哥给的10元钱上午看一个循环场的录像，中午来一碗过桥米线，晚上刘刚回来了，哥俩饱餐一顿……天天如此，刘刚领感觉其乐无穷，与在河南时候的日子比，这里就是天堂。然而，十几天之后，刘刚领待不下去了，刘刚前脚走刘刚领自己就来到了金州劳务市场，也巧了，刚一到市场就被一个馒头铺的老板给看中了。就这样刘刚领来到了一家馒头铺，一个月300元，管吃管住，活也不累，无非就是买面、和面、蒸馒头、送货，活儿有点脏但是和以前干过的比起来已经好了不知多少倍了。

刘刚领是一个苦命的孩子，10岁就辍学在家，14岁开始和姐夫在河南焦作打工，在一家耐火砖厂脱坯，每天都灰头土脸的；15岁和姐夫一起南下温州，在纸箱厂、电器厂、灯具厂打零工，过着到处流浪的生活；16岁和姐夫一起到天津，给一个饭店炸油条。那些日子，没有家，没有朋友，没有娱乐，也没有尊严，一包行李往肩上一挑，走到哪里哪里就是家。现在和老板的儿子、外甥女住在一起，吃在一起，像兄弟姐妹一样，刘刚领很知足。

刘刚领年龄虽然小，但是已经在外面闯荡四五年了，会看人脸色，会来事儿，会说话，所以挺招老板喜欢。刚来那天，老板家做的是鸡架炖酸菜。其实这在大连是一道很寻常的菜，馒头铺里的人可能常吃，所以谁也不爱吃菜碗里的肉，都吃酸菜。刘刚领这时突然想起老娘曾经告诫自己的话："出门在外吃饭的时候要记住，不要老夹菜里的肉，肉是精贵东西，人家给咱夹到碗里咱吃，不夹到碗里不能吃，不然让人觉得咱没教养。"刘刚领看着碗里的肉真是馋啊，就是不敢吃，除了老板娘刚上桌的时候给夹了一块以外，一顿饭刘刚领也没敢主动吃一块鸡肉。

饭吃完了，老板娘的外甥女七手八脚把桌子上的残羹剩饭倒在一个碗里，毫不犹豫地倒进了门口的垃圾桶里，刘刚领眼馋地看着剩下的大块大块的鸡肉就这样变成了一堆垃圾，真心疼啊。晚饭收拾利索之后，老板和老板娘上楼去了，老板娘的儿子出去玩游戏了，屋里就剩下了小姑娘和刘刚领。刚见面也不熟悉，没什么话，刘刚领就站到了门外，他嗅着垃圾桶里的鸡肉，胃里就一门反应，从里面往外爬馋虫，说实话，他真想把垃圾桶里那些鸡肉挑出来洗一洗吃掉。

用刘刚领自己的话说，在馒头铺里的那些日子就仿佛是在天堂里一样。吃的再也不是残羹剩饭了，每天都有他最爱吃的白面馒头，而且那馒头做得那么松软、香甜、可口。再也不用到处流浪了，住的地方虽然不过是馒头铺的一个大厅，但是和以往的工棚比，那简直是既舒服又干净。尤其是每天还有那个比他小一岁的妹妹陪伴着，简直是幸福死了。要不是后来女孩被老板娘给赶走了，刘刚领到今天可能还在温柔乡里过着比天堂还美的甜蜜生活呢。

这就是生于忧患，死于安乐。人的生活是需要变化的，死水一潭，时间长了就什么激情都没有了，创业更是如此，最重要的就是激情。

爱情是一剂最好的兴奋剂，在这副兴奋剂的催化之下，刘刚领不仅快乐而且勤奋，一切吃苦的活儿、挨累的活儿全都被他包揽了。机会来了，刘刚领获得了老板的充分信任，馒头制作的全部要领都毫无保留地传授给了他。什么牌子的面粉便宜又好吃，多少面放多少酵母，开锅几分钟馒头成熟，东山一带都有哪些客户……所有这些过去只有老板自己知道的细节，现在都教给了刘刚领，刘刚领俨然成了一个“二老板”了。

□成也馒头，败也馒头

刘刚领在馒头铺里干了半年的功夫，工资从300元升到了每月320元，从打工仔变成了老板娘外甥女的秘密情人和“二老板”。馒头很好吃，女朋友很可爱，爱情很甜美，生活很快乐。就在这个时候发生了两件意外的事情，使刘刚领命运的轨迹突然偏离了原有的方向。

一是女朋友的离去。对打工仔而言，尤其是十七八岁的打工仔，爱情生活基本上是他们精神生活的全部。虽然他们不懂什么是爱情，然而越是不懂的东西吸引力就越大，而且这样的爱情也更纯洁。为什么人们说中年人的爱情是脏的呢？就是爱情里添加了更多功利的东西，不纯洁了。小女朋友一走刘刚领立刻像被寒霜打蔫了的茄子一样，干什么都提不起精神了。

第二件事是刘刚领的老叔也从河南来到了大连。他老叔觉得馒头铺的生意不错，投资少、用户多、见效快，更重要的是刘刚领有现成的技术，而刘刚领老叔有足够的资金。刘刚领的老叔想拉他入伙开馒头铺，老叔投资，刘刚领技术入股。

刘刚领的心被这两件事闹得乱乱的。他是舍不得东山馒头铺的，馒头铺里有刘刚领人生的第一次爱情；馒头铺里刘刚领享受到了人生最快乐的一段幸福生活；馒头铺里刘刚领学到了人生第一份生活的本领……但是，天下没有不散的宴席，总不能在馒头铺一辈子打工吧？再说女朋友也走了，再待在这里触景生情有什么意思？常言道：情场上失意，赌场上得意。做生意还不和赌博一样，谁知道赔赚？这么说难道我真的要得意了？

别人的馒头铺毕竟不如自己的馒头铺更有吸引力。就这样，刘刚领最终还是辞职了。他和他老叔的馒头铺不久就开张了，地点就在金州和开发区结合部的杨屯。别看刘刚领年龄小，脑子还真灵光，馒头制作的那点技术他掌握得还真不赖，设备安装完毕之后一试成功。杨屯那地方离金州和开发区的主城区都比较远，而且都是老房子，住的都是打工仔和民工，大酒店人家去不起，馒头还是吃得起的，尤其是这些打工仔很多都是轱辘汉子，都不怎么做饭，馒头在这里销售得非常好。半年之后，刘刚领的老婶也从河南老家来到了杨屯，这时每天馒头出笼的数量不断增多，销售范围不断扩大，生意有声有色，红红火火。馒头机的成本、租房子的费用已经全部收回了，就等着在家大把大把地数钞票了。

然而，刘刚领想在家数钞票的梦想最终还是落空了。

自从刘刚领老婶来了之后，馒头铺里的气氛变了。他老叔和刘刚领两个人嘻嘻哈哈的劲头没有了，变成了老叔和老婶之间的喊喊嚓嚓，而老婶和刘刚领之间却变成了横眉冷对，无论刘刚领怎么俯首甘为孺子牛，老婶的脸也总是一脸乌云，甚至什么话都没有，而且什么活儿都不用刘刚领干了，那用意很明确——鱼已经捞上来了，渔网没用了；拉磨的活儿已经结束，驴也就没用了。

可怜只有18岁的刘刚领，一片真心实意扑在这个馒头铺上，所有技术都毫无保留地教给了老叔，最终却落得个如此下场。亲属之间合伙做生意常常是这样，打江山容易坐江山难，金钱的诱惑常常很轻易地就打断亲情的纽带。

太史公在为韩信做总结的时候说下了这样一句千古名言：成也萧何，败也萧何。而刘刚领此时的境遇也可以用一句话概括：成也馒头，败也馒头。

一个多月之后，经过一晚上的辗转反侧，刘刚领决定离开。早饭之后，刘刚领和老叔老婶招呼也没打，抹着在脸上肆意飞扬的眼泪，挑着简单得不能再简单的行囊，走出了让他伤心的馒头铺……走出去很远了，他老婶似乎于心不忍，也可能是良心发现，跑过来向刘刚领兜里塞了一把什么东西，刘刚领也没理睬她，走了几步之后才伸手掏出兜里的东西来看，竟然是一张半新的10元“大票”，这就是我半年的酬劳？这就是被金钱蒙住了眼睛的老叔和老婶吗？

刘刚领错就错在没和老叔签定一个协议，常言说得好，亲兄弟明算账。何况是老叔呢？再说了叔可忍婶也不可忍啊！刘刚领还错在没有保留关键的技术秘密，没有留一手。连小猫教老虎本领的时候都知道留一手呢，老话说，教会徒弟，饿死师傅。刘刚领毕竟还是太嫩了一点。

刘刚领揣着仅有的一张半新的10元“大票”，伤心地走着，脚步沉重而拖沓，用了将近两个小时的时间来到金州火车站，那里是金州的劳务市场，他希望奇迹再一次发生，让他再遇到一个比自己亲叔好的王叔。

天渐渐地暗了下来，车站外面的民工已经各回各家，刘刚领和一个刚刚认识的捡破烂的河南老乡进到了候车室。肚子咕咕地叫唤起来，饿得很难受，睡觉吧，睡着了就不饿了，刘刚领靠在椅子上渐渐地进入了梦乡。半夜时分，刘刚领和老乡被铁路警察叫醒了，被赶出了候车室。

刘刚领和老乡来到铁路边，找了一块平坦的地方，将简单的行李铺好。月亮弯弯，星星点点。刘刚领躺在露天的大地上忽然心生酸楚：老爸呀，你知不知道，你的弟弟也就是我的叔叔把我赶到野外来睡觉啊？眼泪和着夜晚的寒露将头下的衣被打湿，月亮模糊了，星星也模糊了，刘刚领就这样迷迷糊糊地进入了又一个梦乡。

在铁道边睡了3个晚上，第4天刘刚领在一个劳务中介那里终于找到了一份工作，是一家大酒店。老板真比自己的亲叔叔不知道要好多少倍！中介费120元，是老板垫付的，开资的时候再从工资里扣。老板从中介那里把刘刚领带出来就直接进了一家饭店，老板很有经验，一看刘刚领有气无力一脸菜色的样子就知道又是一个“饿鬼”。3天没吃饭了，刘刚领像饿狼扑食一样饱餐了一顿。

就这样，刘刚领在盛宝大酒店老老实实地干了一年。

2000年，刘刚领的哥哥刘刚的羽毛开始丰满，翅膀开始变硬，他把刘刚领介绍到千森木业有限公司，是一家合资企业。刘刚领很珍惜这份工作，用了4年时间从一个小油工干到了车间主任，工资从450元涨到了1500元。而且，在收获金钱的同时，刘刚领还在这里收获了他的爱情，找到了他的挚爱孟庆英。

□ 一双旅游鞋

时间悄悄流逝，转眼到了2004年。在千森木业干了4年，和孟庆英也认识3年了，已经到了谈婚论嫁的时候了，但是不知道怎么着，两个人不能谈结婚，一谈结婚的事两个人就发生不愉快。

刘刚领是在当油工的时候认识孟庆英的。那天刘刚领正在车间里给木方刷防腐沥青，孟庆英从刘刚领身边走过，刘刚领抬头一看是个大美女，心里就直颤抖，干活儿的手儿也跟着颤抖了一下，这沥青一下就弄到了孟庆英的旅游鞋上。当时刘刚领一直赔小心赔笑脸说着好话，后来等把孟庆英追到手了，刘刚领说实话了，其实手是故意抖的，要不怎么找借口认识啊！

弄脏了孟庆英的旅游鞋之后，过不几天就是情人节，刘刚领花35元给孟庆英买了一双漂亮的旅游鞋，还额外给孟庆英买了一根烤肠，就这样他们开始了亲密接触。再后来，孟庆英向刘刚领借了100元钱，孟庆英还刘刚领钱的时候刘刚领说什么也不要，一来二去的，两个人就对上了眼。

其实孟庆英家一直以来是不同意他们这桩婚姻的。刘刚领是个河南人，河南人的声誉向来就不好；刘刚领没有文凭没有文化，就上到小学二年级；还是个一无所有的家伙；长得也不怎么样，个子矮，还没有孟庆英高呢。唯一的优点就是善于言谈，能忽悠，忽悠的功夫仅次于赵本山。就刘刚领这样的条件叫哪个当妈的都不可能同意，再退一步说，即使同意他们结婚，结婚了住哪儿？每个月两个人的工资加在一起才够2000元，拿什么生活？

有一次，刘刚领开着一个朋友的跑车上孟庆英家，是那种穷人跑，其实就10万元钱左右。刘刚领拉着未来的老丈人满村子转，老丈爷根本不了解汽车行情，还以为这车得个三五十万呢，坐在车里都乐颠了，还以为是刘刚领的座驾呢。吃饭的时候刘刚领一下子说走嘴了，老丈人这才知道车不是刘刚领的，一直咧嘴笑的老丈人脸子立刻就拉下来了，再也没说一句话。

还有一次，刘刚领和孟庆英谈起结婚的事情，孟庆英说结婚就得买房，要不一辈子过到处流浪的生活，有什么意思。刘刚领说暂时没有条件，先结婚等有了条件再买房，二人说着说着就谈崩了。

那天两个人正在大黑山踏青，本来心情特别好，这一谈到结婚两个人又弄得不欢而散，孟庆英甩开刘刚领就钻进了路边的松树林。刘刚领一看这荒山野岭的哪能让孟庆英一个人在山上乱跑，就跟进了松树林，可一眨眼的功夫孟庆英不见了。刘刚领在大黑山里就折腾开了，那时候刘刚领和孟庆英还都没有手机，说话的功夫天就一点点暗了下来，刘刚领急出了一脑门子的汗，衣服也湿透了，脸也被山上的荆棘划出了血印，刘刚领一边漫山遍野地跑一边大声叫着孟庆英的名字，这都晚上10点了，孟庆英依然杳无踪影。刘刚领害怕了，即使什么危险也没有，一个二十多岁的女孩子吓也吓懵了！这可怎么办啊，刘刚领也想到了，是不是她自己回家了？但是他不敢走啊，万一没回家给她自己扔山上还了得，听说大黑山这些年植被保护得好，经常有狼出没，刘刚领越想越害怕……担惊受怕地在大黑山折腾了一晚上，其实孟庆英早就回家了。

这两件事对刘刚领的刺激挺大的，得赚钱！刘刚领终于明白了一个道理：要成家就要先立业，要创造自己的事业，男人没有自己的事业什么都是扯淡！

老这么在公司里混不行，孟庆英对咱够意思，咱也不能让人家跟着咱受委屈啊！得换一种活法，不然将来老婆可能都跑了！

如鱼饮水，冷暖自知

刘刚领还真有胆量，说辞职就辞职了。2006年，在他哥刘刚的帮助下，用了不到一个月的时间就支起了自己的摊子。要说刘刚领的名字还真没白起，当年老娘生刘刚之前都是女孩子，刘刚之后又来了这么一个男孩，这就是刘刚领，感情是刘刚带来的，于是就给这孩子起名叫刘刚领。现在刘刚领处处都由刘刚带着，刘刚带他来到了大连，把他送到千森木业，又带他创建了自己的事业，有个人领着还真好。

然而事情也并不都像想象的那么好。刘刚领在自己干的时候租用的门市是一个二楼，就在刘刚的对门，刘刚领想了：你刘刚的生意那么好，我的生意还能差了？其实刘刚领还真想差了，刘刚做生意做多少年了？不管他在几楼，他有老客户，老客户习惯跟着刘刚走，你上哪他就跟到哪，所以刘刚虽然在二楼生意并没有受到影响，而且还不断壮大。刘刚领就不同了，你是刚开业，一个老客户没有，又是在二楼，而且做的项目很单一，只做皮带生意，那肯定不行。开业半年了，就做了一笔像样的买卖，东显电子买了2万多元钱的皮带，再没有什么生意可做，在办公室下了半年的五子棋。

就在这个时候刘刚领认识了一个河南老乡，这老乡叫周家树。周家树原来在一家贸易公司当推销员，特点也是擅长忽悠，后来辞职自己干，手里有一大把客户，做都做不过来。为什么做不过来呢？因为缺少资金！刘刚领曾经陪周家树和客户谈过一笔生意，发现无非就是大家坐在酒桌上胡吹乱侃一阵，吃完饭再到洗浴中心里泡2个小时而已，第二天5万元钱的订单就签了。刘刚领似乎一下子就开窍了，他后来不无感慨地说：“出来混了十年，自己还觉得不错呢，原来这十年就是个傻瓜，哪知道生意是这么做的！”

从陪周家树谈成那单生意开始，刘刚领终于顿悟，他完全变成了另外一个人，他擅于忽悠的才干也是从那一天才突然来临的，他以前其实一直都是一个比较沉默寡言的人。

刘刚领开始让周家树给自己介绍客户，主要是合资企业的采购主管。刘刚领胆子大，特点是只问耕耘不问收获，不管三七二十一，来的都是客，吃饭、洗浴、唱歌，合同如果签不成就再来一轮，还是吃饭、洗浴、唱歌……直到签合同为止。别说这一招还真管用，刘刚领的生意马上就大见起色，单子一个接一个地像纸片一样飞来。

生意火起来了，新的问题来了——没有资金。刘刚领毕竟是顿悟过的人，他有办法。他先是让老婆回娘家向村民们抬钱，什么是“抬钱”？抬钱是农村流行的一种借贷行为。随着农村经济发展和外出务工人员增多，一些村民手里有不少闲钱，但苦于没有什么好的投资渠道，于是便想贷出去，收一些利息。有人由于急着用钱，给的利息就很高，甚至到了“一百块钱要偿付二三十块钱利息”的程度。对这种有“高利贷”意味的借贷方式，人们叫“抬钱”。

于是老婆就回娘家抬钱，抬回来20万。不到一个月的功夫钱用完了。哪家合资企业都不是一手钱一手货，他们一般是收货之后两个月或三个月才付款，也就是说如果每个月向你采购20万的商品，你手里最少就要有40万到60万的流动资金。面对如雪片一样飞来的订单，20万简直就是杯水车薪。于是刘刚领又开始找人合伙，刘刚领在千森木业打工时的老领导入伙了，留日归来的白领入伙了，都成了刘刚领的合伙人，都心甘情愿地接受刘刚领的领导，就这样又整来了50万，总算连滚带爬、跟头把式地让公司正常运转起来了。

这让我想起毛泽东在一封信中说过的话：“诗难，不易写，经历者如鱼饮水，冷暖自知，不足为外人道也。”

做生意不同作诗，但是刘刚领这期间所经历的种种，却正是“如鱼饮水，冷暖自知”。虽然不足为外人道，但是其中有很多酸甜苦辣的故事，不妨与大家分享一二。

有一个朋友，特别有钱，据说资产过亿，但是文化特低，和刘刚领一样也是小学二年级文化。有钱就是大爷，刘刚领为了让他给介绍客户，就经常陪他喝酒、唱歌。有一天晚上，这朋友喝高了，把着麦克不放手，其实这朋友就会唱一首歌——《洪湖水浪打浪》，而且唱得特别难听，那也得唱啊。这朋友每唱完一首歌还喜欢环顾左右，看谁没给他鼓掌，如果有人不鼓掌他立刻不高兴。他一连唱了16次《洪湖水浪打浪》，他一遍一遍地唱，刘刚领他们就一遍一遍地拍，说是拍巴掌，其实就是拍这朋友的马屁。

还有一个日本客户，要求所有设备必须从无锡采购，因为无锡是这种设备的集散地，价格最低。为了拿到订单，刘刚领只好派人远赴无锡，在那里注册一家企业，并派员在无锡常驻，每次询价报价都是大连无锡之间往来，给人的感觉仿佛所有生意是与无锡做的，其实老板就在大连开发区遥控呢。你日本人精明，咱也不傻!

好了伤疤忘了疼是人的本性，刘刚领也有这毛病。

自从被他老叔坑了之后，伤口好久都没有平复。生意做大之后，情绪好了，就渐渐忘了当年的不愉快，生意周转不过来的时候也时常找他叔捯个短什么的。有一次刘刚领分三次和老叔借了3万元钱，几个月之后，生意周转开了马上就还了。老叔说借条找不到了，刘刚领觉得自己叔叔也没在意，就没要收条。过了不久，老叔找刘刚领帮忙，说要扩大馒头铺生意，让刘刚领投资3万元。这时刘刚领想起了四年前自己在馒头铺的遭遇，大有杯弓蛇影的感觉，说："我没那么多钱，你要想干，我可以帮你1万元钱，送给你我也不要了，我不想和你合伙。"按说这也可以了，他老叔很不高兴，竟然拿出先前刘刚领向他借钱时打的借条，把刘刚领告上了法院。原来扩大馒头铺不过是一个借口，人家弄好了套正等着刘刚领往里钻呢！刘刚领别提有多伤心了，他是哑巴吃黄连有苦说不出，最后给他老叔8000元总算摆平了这件事。

还有一次，为了签一个大单子，刘刚领一个月只唱歌就花了十多万，4斤重的龙虾不知道吃了多少个，最后都达到刘刚领一看龙虾就反胃的程度，消费最高的一次一个晚上就是8000元。一个月消费10多万元，唱一晚上歌花销8000元对一个大老板来说也许没有什么，但是对一个不到30岁的创业者来说，这种花销的确还是需要有一定胆量的。最后，这个单子还是泡汤了，这就跟写文章一样，有很多精美的文章都是不经意间完成的，你想要刻意完成一个鸿篇巨制的时候，反而写不出来了，这才怪呢!

一个小学二年级文化程度、只有29岁的80后，用了不到5年的时间，完成了一个从“傻瓜”到老板的蜕变。如今他已经拥有了两家公司，年销售额达到300多万。已经拥有了两套房产，购买了3辆汽车，而且还有一个温暖幸福的小家庭。有人猜测他的资产有300万，有人估计他的资产有500万，而别人问他的时候，他却说不知道……这年头女不问年龄，男不问资产，问也问不出真话，你看哪个王婆说自己的瓜是苦的?

有人说刘刚领是无知者无畏，有人说刘刚领是初生牛犊不怕虎。

在大学生就业如此艰难的时下，用这两句话就概括一个只有二年级文化水平的80后艰苦创业的过程，有点过于简单化。

为此我曾查阅了某高校发布的一份有关中国创业观察的报告，就年龄和学历两个方面，报告是这么说的：

首先，机会型创业者的年龄平均低于生存型创业者。而且，年龄越大机会型创业者越少，生存型创业者越多。

其次，机会型创业者的受教育程度平均高于生存型创业者。城市创业者更多是机会型创业，农村创业者更多是生存型创业。

从创业年龄分布看，中国参与创业活动的主要年龄段是25岁～34岁之间，但是，无论男性和女性，在35岁～44岁之间创业意识仍然积极和活跃。

从参与创业人员的受教育程度分布看，高等教育以下人员是参与创业的主体，这个性质没有改变。但是，从过去6年的趋势看，受到大学及以上教育的、参与创业的人数在增加，这种趋势性的变化应该还会持续。

这报告告诉我们：城市青年、有学历的人员由于生存压力相对来说比较小，选择自己创业的比较少，一般有合适的机会他们才会选择自己创业，否则他们习惯于在惯性支配下在城市里混生活。啃老一族、赖校一族都属此类。

这报告还告诉我们：农村青年、无学历人员由于生存压力大，面临的机会少，所以他们常常是为了生存而选择自主创业。

刘刚领的艰辛创业过程印证了这个报告。

当牙医遇见水泵

12 李世岩

55岁，白领创业者的代表之一，来连创业之前为吉林省柳河县医院牙科主任，1993年华丽转身，来到北国最负盛名的滨海城市大连，现为大连世博泵业有限公司董事长。

最冒险｜辞去牙科主任职务，破釜沉舟来到大连。

邮　箱｜正在申请中。

电　话｜13998597918

破釜沉舟

1993年9月，李世岩忍痛变卖了全部家当，放弃了无数人为之艳羡的县医院口腔科主任的美差，领着妻子和两个孩子，怀里揣着8万元钱，带着一腔淘金的梦想，毅然决然地举家南迁，从吉林省柳河县来到了北国最负盛名的滨海城市大连。

很多人不理解李世岩举家南迁的突然举动，其实李世岩的小日子在柳河县城一直过得都很滋润。刚刚35岁，已经是县医院口腔科主任，正处于事业的巅峰状态，老婆既漂亮又贤惠，夫妻恩爱，膝下育有两个活泼可爱的男孩，有自己的住房，处处都遂心顺意，朋友一大堆，事业也干得正来劲，和领导的关系也嗷嗷好，根本不是混不下去想要挪窝的那种情况。

那是为什么呢？

原来，李世岩的老婆是大连人，当年老婆随父母下放来到吉林省最旮旯的小县城柳河，成了李世岩的老婆，后来父母落实政策回到了大连，却把女儿一个人扔在了吉林省的这个小县城。1993年春节，李世岩一家到大连探亲，滨城美丽、浪漫、洁净的环境给他们一家留下了非常深刻的印象。在小县城里过得有滋有味的李世岩一家被大连绚丽夺目的光辉一下把眼睛给闪着了，两个儿子竟然不想走了。李世岩的小舅子更是极力撺掇远在边城的姐夫，希望他们放弃县城的一切到大连发展。李世岩的岳父岳母当然也希望自己的女儿能回到大连，女儿是母亲的小棉袄，哪个母亲年老的时候不希望身边多一件暖心的小棉袄？就这样大家一商量，竟然全票通过李世岩一家到大连发展的提议。

决心好下，事情难办，从来都是如此。

到大连来干什么？这是问题的关键。经过大家集思广益，李世岩最后决定到大连来干老本行——开口腔诊所。当时，根据政策规定，允许具有医师资格的退休医生开办个体诊所。李世岩虽然还远未达到退休年龄，但是李世岩的小舅子答应找朋友帮忙，而且朋友已经大包大揽，答应花2万元钱把一切事情摆平，李世岩毫不怀疑小舅子以及小舅子朋友的办事能力，决定回家就变卖家产，到大连淘金。

李世岩以快刀斩乱麻的方式迅速了结了柳河县一切的一切，也把打点一切的2万元钱送给了大包大揽的朋友手里，一家人在大连的租屋内静候佳音。然而，一个月过去了、三个月过去了、半年过去了……最后，2万元钱原封未动又被拿了回来，当时包那2万元钱的报纸都没换——事情毫无进展，人家那钱根本就没送出去，所以根本就没敢动。当时政策规定，办理口腔诊所必须具备3证：大连本地户口本、退休证、牙医技师证。李世岩只有牙医技师证，户口本和退休证对当时的李世岩来说想都不敢想，根本就搞不到。

怎么办？到大连开办口腔诊所的美梦就这么落空了。回柳河县就太砢碜人了，不回去吧也难：一家四口两个学生，口袋里的银子只出不进，8万块钱在大连两年不就花干净了？小舅子埋怨姐夫办事太鲁莽，不给自己留后路；姐夫埋怨小舅子太嫩，嘴上没毛办事不牢；夫妻俩暗自埋怨老爸老娘没能力；老爸老娘暗中怪罪小两口不安分不知足……放着好好的日子不过，硬是给自己逼到了一条绝路上。现在是进也进不得，退也退不得，大家一筹莫展，束手无策，李世岩无奈的脸更是抽抽得像个鞋垫。

赶牙医上架

小舅子还算有点花花点子，当时小舅子在大连水泵厂上班，看着一个个经营水泵的个体户挺赚钱的，他就劝姐夫：“要不你就卖水泵吧，咱厂子别的没有，水泵要多少有多少，你只管卖，其他的事情我给你摆平。”

李世岩看着嘴上没毛的小舅子真想抽他俩嘴巴，心想：还在我面前吹，还其他的事情你给我摆平？要不是你忽悠，我能有今天这么倒霉？心里那么想着嘴上却说："难啊，那么容易摆平？我一个给人拔牙的大夫，你让我去给人安水泵，根本不搭边。是，我们牙科大夫也用钳子、扳子、电钻，可那和你们用的钳子、扳子、电钻根本不是一回事。我那电钻一把好几万，你那电钻才几个钱？"

小舅子不高兴了："都什么时候了，你还有心思在这抬杠？你说我在水泵厂上班，你卖几台破水泵有什么可怕的，什么水泵咱们弄不了？你尽管卖，有困难找我。"

李世岩老半天没说话，最后憋出来一句噎人的："办口腔诊所的时候你也是这么说的，我都不敢相信你了。我们手里还剩不到7万元钱，万一水泵卖赔了，我就没法活了。"

小舅子说了："你还是压抑？"

李世岩："我就是牙医，干别的也不会啊！"

"我是告诉你别太压抑。"

"我当不上牙医，所以我压抑。我要是能当上牙医，我就不压抑。"

小舅子不以为然："靠，你说绕口令呢？当牙医不当牙医都不能压抑。车到山前必有路，活人还能叫尿憋死？我这不是来给你想辙来了吗？我不也是想让你们过好啊，你们一家四口就这么挺着？不想卖水泵？那就去大菜市卖菜去，或者骑摩托驮客也行，卖冰棍儿、洗汽车、擦皮鞋……"

"你就砢碜你姐夫吧，真是虎落平阳被犬欺，龙游浅水遭虾戏。我这一百来斤就交给你了，你看着办吧。擦皮鞋也行，卖冰棍儿也行，你要是不怕砢碜我更不怕，谁认识我，反正不能就这么待着了，你两个外甥得上学啊。"

"好，你就等着卖水泵吧。"

就这样，赶鸭子上架，堂堂一个县医院口腔科主任披挂上阵，冷手抓起个热馒头，卖起了水泵。

把梳子卖给和尚

一家人聚在一起研究卖水泵的事。

李世岩一边翻看小舅子拿来的说明书一边问："你说这水泵规格这么多，都用在什么地方呢？"

小舅子说："你管他用在什么地方，你要是卖卫生巾还问人家买回去用在什么地方啊？"

李世岩笑了："你小子一说话就下道。"

李世岩的小舅子说："不是我下道，现在是买方市场，市场由买方说了算，咱有货别人也有货，关键看你怎么推销，能把梳子卖给和尚，能把卫生巾卖给光棍，你得有这样的本领。"

李世岩说："把梳子卖给和尚？这可挺难，你说说，和尚买梳子干什么？"

李世岩老婆抢白地说："就你笨，和尚买梳子就没用了？他把梳子当收藏品可以吧，和尚把梳子送给相好的不行啊？"

儿子说："和尚可以高价卖给别人，还赚一笔呢。"

小舅子媳妇也在一边搭腔："也许人家有还俗的打算，先买下来准备着呗。"

李世岩的岳母也说话了："和尚以慈悲为怀，也许卖梳子的人家比较困难，和尚想帮人家一把。"

李世岩的岳父说话了："和尚没有头发还有胡子吧，买梳子回去还可以梳理胡须嘛，再说了，给别人剃度的时候也得用梳子吧。"

小舅子说："这学问可就大了，我就给你们说说和尚买梳子的事。"

张三和李四向方丈推销梳子。

张三劝方丈："每天善男信女长途跋涉而来，只为拜佛求愿。但他们大多蓬头垢面，披头散发，如此拜佛，实为对佛之大不敬。你应该备几把梳子，待香客们赶至贵院，令香客们梳洗完毕，干干净净地拜佛！

于是和尚买了十把梳子。

李四一听，脑筋一转，计上心来。第二天一早，李四带着100把特制梳子来到寺院，李四劝方丈：据在下调查，本地方圆百里以内有五处寺庙，竞争激烈！您昨天所安排的香客梳洗服务，别的寺庙在两个月前就有了，要想让香火更盛，名声更大，我们还要为香客多做一些别人没做的事！你看，在下为贵院量身定做了100把精致工艺梳，梳子上有贵院字号，还画了一位可爱小和尚，拜佛香客中不乏达官显贵，豪绅名流，临别以梳子一把相赠，一来高僧赠梳，别有深意；二来他们获得此极具纪念价值的工艺梳，更感寺院服务之细微，如此口碑相传，贵院很快就名声远播，香火岂不愈来愈盛？

李四遂以每把5元的价格卖给方丈100把梳子。

张三听完李四叙述，悄悄离开。

一个月后的某天，李四携1000把梳子拜见方丈。李四向方丈描绘自己设计的宏伟蓝图："寺院年久失修，诸多佛像已破旧不堪，如何让寺院在方丈有生之年获得大笔资助呢？李四说着拿出自己的1000把梳子，将其分成了二组，其中一组梳子写有'功德梳'，另一组写有'智慧梳'。李四说，你可贴出告示：凡来本院香客，如捐助10元善款，可获高僧施法的智慧梳一把，天天梳理头发，智慧源源不断；如捐助20元善款，可获方丈亲自施法的功德梳一把，一旦拥有，功德常在，一生平安等等。如此一来，按每天3000香客计算，若有1000人购智慧梳，1000人购功德梳，每天可得善款约3万元，扣除梳子成本，每把8元，可净余善款14000元，如此算来，每月即可筹得善款40多万元，不出一年，重修寺庙的梦想即可成真，岂不功德无量？

二人一拍即合，当即购下1000把梳子，并签订长期供货协议，如此一来，寺院成了李四的超级专卖店。

李世岩听了小舅子的故事，仿佛有了信心："都能把梳子卖给和尚，我就不信这水泵我找不到买主，这买卖我干了！"

所有积淀一夜归零

拔牙、镶牙、洗牙、修牙，干了整整15年，所有的积淀一夜之间都被归零了，从此开始卖水泵，一切从零开始。

确切地说，其实也不能说一切从零开始，你想啊，拔牙、镶牙、洗牙、修牙，往外抽口中唾液的时候，人家牙医用的也是水泵，说明人家李世岩早就接触水泵了，感情人家现在卖水泵干的是老本行，只不过那个水泵比较小而已，现在鸟枪换炮了，开始卖大水泵了。鼓捣小水泵都能赚钱，鼓捣大水泵，前途就更不可限量了。

不管怎么说，从一个口腔科技师到一个没有什么技术的卖水泵的二道贩子，落差还是比较大的，应该说这是一个痛苦的转变过程。事业被迫中断，奋斗了十几年才得来的技师证成了一张白纸，为之努力奋斗了多少年的口腔科主任也拱手让给了他人；所有的人脉一瞬间化为乌有，除了老婆家的几个亲属再没有任何相识的朋友；过去都是患者七碟八盘地宴请自己，现在虽然也常常出入酒楼，也常常推杯换盏地吃盘子，但是都是自己埋单请别人……自己仿佛一只断了线的风筝，仿佛一只找不到群体的孤雁。“人”是一个社会概念，离开组织、离开群体，“人”就不再是真正的“人”了，所以，要迅速改变这种非“人”的生活状态，就必须融入到一个新的组织、新的群体之中。

把心态摆正了，李世岩踏上了人生的新征途。

你看，转行也没有什么可怕的。很多人都有一条道跑到黑的钻牛角尖情结，把自己大学时的专业、自己曾经从事的事业看得特别重，无论自己的机遇如何，不管社会供应与需求的变化怎样，拘泥于自己的专业不敢轻易转行，结果把自己固定在一成不变的环境里，最后一事无成。

老子在《道德经》里如是说：“道常无为而无不为。侯王若能守之，万物将自化。”说的是什么呢？老子告诉人们，客观事物永远是顺其自然的，王侯将相如果能遵守事物发展变化的自然规律，万物必将按着自己的规律而发生变化。他告诉人们最重要的一点就是：要顺势而为。

欧美企业的平均寿命是40年，而中国企业的平均寿命只有8年。中关村注册的企业有6000家，寿命已经超过8年的不到3%。而中国民营企业的平均寿命才只有2.9岁。这些企业“夭折”的原因很多，但是归根到底还是不能适应市场经济环境。社会在变化，时光在流逝，人要学会顺势而为，学会适应环境。大山不可能走到我们的面前，我们要欣赏大山的瑰丽风姿，就只能走到大山的面前；社会也不可能因为你、我、他而改变游戏规则，我们只能去适应社会，适应社会的规则；列车不可能因为我们而临时停车，所以我们必须在车站里等待列车的到来……这就是人在自然面前、在社会面前所必须认识到的真理。

▢ 该掉牙时也掉牙

然而，把梳子卖给和尚的故事好说，做起来可就难了。

李世岩的第一批水泵卖给了一个造船厂。为了谈成这笔买卖，李世岩把价格压到了最低水平，李世岩想了，反正这水泵都是赊来的，不吃草不吃料的，也没有成本，赚点就行。好家伙第一笔买卖就签了35万元的合同，乐得全家到天天渔港大吃了一顿。合同好签，款却难要。这家造船厂是一个集体企业，付款要过5关：使用者签字、采购签字、厂长签字、会计签字、主管经理签字。每个人签字都不是白签的，不吃饭喝酒不行，不送红包不行，等3个月之后所有签字都完事了，一算账赔了4万元！签合同的时候李世岩哪算计到这些了？

第二个大客户主攻的是一个韩国企业，也是一个修造船厂。韩国老板是通过一个老乡认识的，老乡是老家的一个副县长介绍的，就为了认识这个韩国老板，绕这一大圈李世岩贴老乡身上5万多元，贴在韩国老板身上3万多元，结果却是竹篮子打水一场空。李世岩当初只听说这家造船厂每年买水泵就得500多万元，并不知道人家怎么买，结果吃亏就吃在这上。李世岩虽然已经成了这家修造船厂的供应商，但是这家企业每次采购都采用招标的办法，邀请各家代理商，密封报价，而且绝大部分都是进口水泵。李世岩的国产水泵人家根本不用，李世岩只好按着招标说明书的要求向各品牌代理商询价，然后加价报给修造船厂。而各家代理商也是修造船厂邀请的供应商，你想想，人家报给修造船厂的价格和报给李世岩的价格是一样的，甚至比报给他的还低，而他还要加价才报给修造船厂，上哪和人家抢买卖去？

忙活了3个多月，付出了8万元公关费，竟然是这样的结果。和谁说去？人家不是没帮你，是你自己抢不上槽！8万元钱算是认识了几个朋友吧，打掉牙往肚子里咽吧。牙医怎么了，该掉牙的时候也得掉牙！

□ 隔行并不隔山

摸着石头过河，骑着毛驴看账本，就这么连滚带爬地向前走，渐渐地把水泵卖到了当年修牙的水平，开始有了收获。

1995年，全国实施房改，福利分房的时代一去不复返了，受此影响，全国的房地产迅速达到最火爆的状态，大连的房地产也迅速发展起来。火爆归火爆，因为当时老百姓手里的银子有限，所以商品房在大连销售得并不是特别好，价格也并不高，因此政府给房地产开发企业很多政策。就在这个时候，李世岩听到了一个令人振奋的消息：在金州买房可以办理金州正式户口。当时金州的商品房一平方米才1200元，李世岩觉得价格挺合适，一套70多平方米的房子也就七八万元，反正水泵都是从水泵厂赊来的，也不占用自己的资金，把钱存在银行里也没几个利息，把户口办到金州将来孩子上学就有着落了。就这样，李世岩花了9万元钱购买了一套80平方米的楼房，全家户口落到了金州。第二年，他再把金州的房子以每平方米1500元的价格卖掉，净赚了24000元，然后又在大连的泡崖新区买了一套大房子，接着他又花了2000元增容费，把全家的户口落到了大连。

生意日渐起色，比洗牙、修牙、镶牙来钱快多了，水泵的品种也从国产水泵扩展到进口水泵，从简单的零售发展到专业代理，从做客户再发展到现在的批发、零售、客户服务。1998年，李世岩又投资50多万元在五金生意最火爆的黄河路购买了一处门市房，转过年又开上了丰田轿车……

如今，两个孩子都已经长大成人。大儿子大学毕业之后子承父业，在长春干着和老爸一样的买卖，二儿子正在大学念书。目前李世岩的水泵在大连已经发展到了3个门市，大连一个，开发区一个，金州一个，形成鼎足而立的局面，等二儿子毕业了，在黑龙江再发展几个门市，将来这东北三省的水泵买卖可就是李世岩的天下了！

隔行并不隔山。每一行都有自己的特点这话不假，但是道理都是相通的。比如牙医与销售工业水泵看似风马牛不相及，其实它们使用的工具不过大小之分而已。大学只是一个过程，对许多人来说大学所学的专业知识百分之九十都无处可用。上大学只能表明你是一个擅于学习的人，上大学只能让你学会新的思维方法和新的工作方法，使你在走上工作岗位以后更快地适应新的需求，如此而已。所以，千万别太拘泥于自己的专业，那无异于作茧自缚。

机会面前要敢于面对挑战。很多时候当机会来临时，我们的胆量会变得很大；机会一旦错过了，人的胆子就会跟着变得很小。而失去的机会是不会再来的。创业者面对的很多事物都是全新的，物竞天择，适者生存。要学会适应社会、适应环境，这是创业者必须具备的素质。

为自己是大学生而骄傲

13 杨中宝

出生于一个鸡鸣三县、地图上根本找不到的小地方——山东省商河县韩庙乡站南村，现年32岁，2004年毕业于大连民族学院。擅演讲，爱踢足球，会主持节目。2007年自我创业，现为中宝贸易有限公司董事长。

最骄傲 放下了大学生的架子，下海当起了二道贩子。

邮　箱 dl2006house@126.com

电　话 13322223095

□幸福不是毛毛雨

杨中宝是一个大学生，这年头大学生下海做生意的确不稀奇了，但是能很快进入角色，干得好的却是凤毛麟角。

杨中宝到大连开发区连发商场来一下子就创下了两个第一：

第一个大学生“二道贩子”；

第一个没有在商场里摆放任何商品的“二道贩子”。

在这里，杨中宝以日新月异、一日千里的速度创造了他目前拥有的一切。

杨中宝到连发商场的时候是2007年2月，当时除了手里有5000元钱现金以外，基本上是一无所有。他每年付3000元租金给商场里租了一张办公桌，却连柜台都没有，而且什么商品都没有摆放，只有一张办公桌、一盘电话，如此而已。你要硬说这是“二道贩子”也行，要是用现在流行的话说那叫代理采购，或者用再洋气一点的名词说那叫服务外包，人家外资企业就看好杨中宝这小伙儿，就把采购这块业务外包给杨中宝了。就这样，杨中宝一手买进一手卖出，经过一段时间的摸爬滚打，雪球就滚大了，估计在家的时候和老爸学过滚雪球的本事。到2010年6月，杨中宝梦里想要拥有的东西全都如愿以偿地拥有了：

2007年6月，购买了能够代他值班接收文件的传真机；

2007年10月，购买了曾经爱不释手的索尼电脑；

2008年2月，付全款购买了心仪已久的奇瑞轿车；

2008年10月，如意抱得美人归，与他现在的爱人仇军走入神圣的婚姻殿堂；

2009年6月，杨中宝如期将一套两室一厅的楼房购入自己名下。

2010年6月，杨中宝的女儿呱呱坠地，从此杨中宝从一个大男孩变成了一个小爸爸。

这一切杨中宝仅仅用了3年多的时间。

也许，你以为杨中宝在大连一定有非常了得的背景！这个真没有。

也许，你以为杨中宝在大连一定遇到了什么贵人相助！其实也没有。

也许，你以为杨中宝在大连上的大学，一定有很多人脉！其实杨中宝是他们全班同学中唯一一个留在大连创业的。

靠什么呢？《国际歌》中唱得好：从来就没有什么救世主，也不靠神仙皇帝，要创造人类的幸福，全靠我们自己！还有一首歌也唱到，幸福不是毛毛雨，不会自己从天上掉下来。

真的，全靠杨中宝的努力！连发商场不过给杨中宝提供了一个成本低廉、空间广阔的平台，其他一切其实都是通过杨中宝的艰苦奋斗取得的。

不容易！在金融海啸波及全球的今天，在大学生就业如此困难的今天，杨中宝的成功经验其实很具有可复制性。

鸡鸣三县的小山村

杨中宝的家乡是一个地图上都找不到的小山沟——山东省商河县韩庙乡站南村。我曾经在谷歌地图上搜索了一下，能找到韩庙乡，却根本找不到站南村。地图上都找不到的一个小山村，你说能有多大吧？后来在山东省地图上终于找到了那个站南村，原来那是一个鸡鸣三县的地方。什么是鸡鸣三县呢？就是公鸡在杨中宝家的鸡窝里打鸣，相邻的三个县都能听到。杨中宝说，出了他们村口往左走几百米会看到：欢迎到济南；往右走几百米马上又看到：欢迎来德州。再说明白一点，他们那个村是位于商河县、宁津县、乐陵市中间那么一个三不管的地方。

虽然那是个三不管的地方，又贫穷、又落后、又闭塞，但是杨中宝的家庭在那个村子里却不是一般二般的家庭。

杨中宝的老爸当年是商河县京剧团拉京胡的。你知道京剧里当家的乐器是什么？就是京胡。无论“西皮”唱腔还是“二黄”唱腔，都是以京胡定弦，所以在京剧团里拉京胡，那就是剧团里的第一把乐手。然而，虽然是第一把乐手，那毕竟是一个县级的京剧团，如果在中国京剧团里当第一把乐手，那杨中宝早就不在这旮旯混了。在乞丐都用手机，13亿人有14亿人做生意，网吧里包夜娱乐的年代里，一个县级的京剧团你想能有什么出路？在杨中宝三四岁的时候他老爸就辞职不干了，开始做生意，往来于山东与东北之间，贩卖牛皮、牛肉。你想，一个京剧团的第一把京胡乐手贩卖牛皮、牛肉，那无异于焚琴煮鹤嘛，是不是有点煞风景？煞风景又有什么办法？还不是为了维持生计。也许后来杨中宝做生意做得那么风生水起，和他爸爸这点生意经也不无关系吧？

杨中宝的妈妈也是村里的一个人物，从一个民办教师开始做起，一直做到目前的站南村小学校长。毕竟校长也不是白做的，在那么闭塞的一个小村庄里，杨中宝的老妈培养出了杨中宝和杨中宝弟弟两个大学生，谁不艳羡？

杨中宝就生活在这样一个家庭里。本来老爸是一个有两把刷子的乐手，但是闭塞的乡野无人识调，为生活计，只得靠贩卖牛皮、牛肉为生。耳濡目染，使杨中宝的骨子里渗透着一股浓郁的商人气息。还好，在有一个经商老爸的同时，他还有一个当老师、当校长的妈妈，言传身教，使杨中宝的骨子里掩藏着一种淳朴的书呆子气。

商人而书呆子，现在怎么说来着？对，那就是儒商。这是爹娘给的，在基因里都记载着呢，所以，杨中宝天生就是一个儒商，谁也无法改变，这也许是他的宿命。

□ 为自己是大学生而感到耻辱

电子时代，知识经济时代，有知识有学历和没知识没学历毕竟是有差别的，有学问的人干什么进入角色就是快。

不要以为杨中宝的老爸做过生意，他妈是校长，杨中宝就天生是儒商，天生是做生意的材料！世界上只有学而知之，从来就没有生而知之，没有天才！杨中宝也不可能是天才！所以，一切又都不是宿命。

杨中宝曾经和我讲过这么一件事，那是他在一个民营企业里打工时候的事情：

2007年的冬天，我和经理一起出去推销水泵。天上飘着大片大片的雪花，北风呼啸。大连的风与其他地方的风就是不一样，因为空气湿度大，风打到脸上就像针扎在脸上一样，很快就把毛衣打透，走在路上浑身就像没穿衣服一样，真冷啊！其实我早就想要买一个羽绒服了，但是去了几次商场，一看价格，一件羽绒服五百多块钱，半个月的薪水！紧张得身上直冒汗，似乎就感觉不到冷了，因此一直也舍不得买。

经理身上有羊绒衫，外面还有羽绒服，再说人家吃得也好，油水大脂肪厚，加上走到哪里都开着轿车，根本感觉不到冬天的寒冷。所以我跟在经理后面到处走，每天都被冻得鼻涕喇碴的，经理似乎也看出了我被冻的狼狈样子，就把他淘汰的一件大衣送给了我。其实那是一件非常高档的棉衣，里子是羊毛的，外罩是仿皮的，黑色的。但是衣服的款式比较老，而且经理比我高也比我壮实，所以那衣服根本就不适合我。我那个时候刚毕业，兜里也没有钱，也没有那么多臭讲究，也不懂穿衣戴帽那一套，穿在身上暖和就行。于是，我每天穿着这个大棉袄，比小沈阳走得都来劲，啪、啪地走，还美滋滋的呢！

年底到了，当时我已经是单位的销售主管了，所以回家之前和单位领导一起拉着满满一车的年货拜访我们的客户。当我穿着这件大棉袄踏入家门的时候已经是三十晚上了。年夜饭之后，我老爸把我拽到了沙发上，说："你是怎么在外面混的，怎么穿了这么件衣服？"

我还觉得挺展洋（大连话，值得炫耀的意思）呢，根本没感觉到什么不对劲，我说："经理给的，怎么样，里子还是羊毛的呢！"

"这件衣服我穿都显老气，你才20多岁，穿这么一件老气横秋的棉袄，再说了你装在这衣服里都直晃荡，一看就是拣别人扔了不要的东西。你好歹是一个大学生，应该给大学生长点志气，最起码也为我们老杨家光宗耀祖吧！现在我怎么一点都没有觉得呢？你看你哥哥，高中毕业，你上学这几年人家已经有了自己的一个物流公司，十几台汽车，你怎么……算了，明天还是把你哥那件皮夹克穿上吧，别给我丢脸……”

老爸说的话不一定全对，我现在都这么认为，但是那天晚上，我还是感觉很窝囊，我感觉作为一个大学生不再是我的荣耀，而是我的耻辱。

杨中宝觉得自己干得不错呢，而他老爸却觉得他给家里丢了脸。

过去不代表未来

其实杨中宝是一个很有才华的家伙，还是有两下子的。当时之所以过得不滋润，其实是一直没有找准自己的位置。在大学的时候，同班同学都这么说他：“太有才了！”

那是2000年12月16日，大连电视台演播大厅人头攒动，群情激昂，大连市十大高校“情系西部，爱国爱家”辩论赛决赛在这里正紧张而激烈地进行。决赛在辽宁师范大学和大连民族学院之间进行。辽宁师范大学三男一女，民族学院是两男两女。一时间唇枪舌剑，妙语连珠，口吐莲花……兵来将挡，水来土掩。精彩的演讲赢得台下一阵阵热烈的掌声、欢呼声、叫好声……

大连民族学院那个戴眼镜的小个子堪称全场最为活跃的辩手，此时正侃侃而谈：

要创造未来，要超越梦想。

我曾经站在黄土高坡上沉思：周文王、周武王他们创造了周朝的八百年江山，秦始皇灭六国统一了中华大地，唐太宗的贞观之治，使中国成为世界上最强大的国家……这些都发生于当年的西部。然而，风流总被雨打风吹去，过去的就让他远去，我们不能只守着往昔的荣耀而失去下一个辉煌。快乐与梦想都将随着时光的长河流逝，变成美好的回忆。我们必须迈开脚步，挥洒汗水，向新的目标挺进。无论道路上铺满的是鲜花还是荆棘，无论等待我们的是成功还是失败，只要我们奋斗过，努力过，燃烧过，这就够了。

……

最后，辽宁师范大学获得“大连市十大高校辩论赛”冠军，大连民族学院获得了此次比赛的亚军，而大连民族学院那个在全场比赛中最活跃的戴眼镜的小个子获得了此次辩论赛的个人最高奖——最佳辩手。为此，学院还为此人记二等功一次。

这个最佳辩手不是别人，正是本故事的主人公——杨中宝。而且，早在大一开学之初，杨中宝就获得了“民族学院新生汉语演讲比赛”第一名。

后来，杨中宝这个小个子到了连发商场之后，我参加了两次他主持的婚礼，口才的确了得。后来在采访他的时候还拜读了他当年发表在《大连青年》上的文章，欣赏了他当年的演讲稿，非常非常精彩。

然而，大学是大学，社会是社会。莫斯科不相信眼泪，大连也一样，也不相信眼泪，过去不代表未来。

理想与现实的距离

大连民族学院的确不是什么名牌大学，但是对韩庙乡站南村人来说，那也是了不得的了，因为能够从那样的小山村里走出来已经非常不易了。如果没有会赚钱的老爸，没有当校长的老妈，走入大学校门简直是不可想象的。当年考上大学别说父母骄傲了，就连一个村子里的乡亲说起杨中宝都兴奋异常。乡亲们感到自豪、骄傲，父母更觉得那是光宗耀祖的好事。

1999年8月25日，杨中宝背起行囊，告别家乡、告别父母，漂洋过海直奔大连，那是他实现梦想的地方。汽车飞驰，杨中宝的美好憧憬也随着汽车一起飞驰——直入云霄的高档写字楼，宽敞明亮的办公室，轻松自在的工作，让人眼热的高额薪水，漂亮而善解人意的娇妻，装修高档豪华的住宅，自动变速的私家车……仿佛这一切随着大学毕业都会很轻松自然地一个个实现。

然而，大学毕业生的理想与现实之间的距离永远都不止十万八千里。

2003年9月，历经5个月快要跑断腿的折磨——比当年老爸卖牛皮、卖牛肉还要遭罪的折磨，杨中宝终于找到了自己的工作，迈开了他一生中最重要的一步。

第一份工作是大连保税区一家生产防锈纸的外资企业，说是外资其实是一个归国华侨的投资，企业效益并不是很好。写字楼在生产车间的二楼，不像想象中的那样直入云霄；一个月的收入刚刚达到1000块钱，谁看着都没感觉到眼热；工作既不轻松也不愉快；朋友倒是介绍了几个漂亮而善解人意的美眉，一个也没成为杨中宝的娇妻……

爱情、面包、住宅、轿车，什么时候才能从自己的梦乡走进现实的生活？每天蜷缩在工厂不足5000平方米的院子里，像井里的青蛙一样，仿佛和外面精彩的世界隔离了。偶尔接到一两个同学的电话，不是谁谁考上了公务员，就是谁谁准备下个月结婚，再不就是谁谁找到了一个特别好的工作……每一个电话都会让杨中宝望着蓝蓝的天空懒懒地发上半天呆。

就这样，在这家企业杨中宝郁闷地干了一年。

□ 杨中宝辞职与李二爷剥蒜

2004年9月，杨中宝意外地得到英国一家企业的青睐，被任命为英国RS公司驻大连办事处主任，说是办事处，其实只有杨中宝一个人，主要是处理RS公司在大连的一些事务性工作，月薪5000元，每月房租费2000元，活动经费1000元，电话费500元，公司告知10月8日履新。

杨中宝都快乐抽了，与那个生产防锈纸的企业说拜拜就拜拜，二话都没说，那干脆就是带着歌声走的。9月30日，杨中宝正在为上班做着各种各样的准备，这时他收到RS公司的一个Email。坐在电脑屏幕前，杨中宝别说有多兴奋了，心想：一定是安排上班之后的一些具体工作。杨中宝兴奋地搓了搓手，这才打开Email——一封让人感到非常意外的信：设置大连办事处的议题在董事会上没有通过。一切都是水中月镜中花，不过是空欢喜一场。新的计划泡汤了，原来的工作辞了，两耽误了。

听了杨中宝的故事我哈哈大笑，杨中宝也笑。我们俩笑了一阵之后，杨中宝丈二和尚摸不到头脑,问：“你笑什么？”

我说：“我想起来一个特逗的故事，和你的故事一模一样，故事的名字叫李二爷剥蒜。”

从前，有一个光棍李二爷，特别爱吃饺子。邻居每次包饺子都给李二爷送去一碗，时间久了甚至成了规矩了。这一天，邻居家又剁馅包饺子，北方人吃饺子离不开蒜酱，李二爷听到剁饺子馅的声音，高兴的什么似的，拿出几头大蒜坐在自家门槛上就剥开了。邻居家一看，哎呀！李二爷在剥蒜，看来今天他也包饺子，结果就没给李二爷送饺子。李二爷剥完大蒜回到屋里就躺炕上等着吃饺子。不知不觉就睡着了，睡梦里梦见了热腾腾的饺子，醒来一看漆黑一片，什么也没有。李二爷还纳闷呢：今天怎么没给我送饺子呢？这就是李二爷剥蒜两耽误。

知道不？什么事情都要留有余地，聪明不能过头，机关不能算尽，不能满打满算。事情总是不断变化的，不能自说自话，自以为是。

……

沮丧、无奈、气愤之下，杨中宝来到了一家专营水泵的民营企业，负责推销水泵。那是一种日本进口水泵，是一种高科技的东西，红沿河核电站上都有他们经销的那个牌子的水泵，但是那红沿河核电站上的水泵是不是杨中宝推销过去的，我就不知道了。

杨中宝在大学期间学的是环境工程，没实际接触过水泵，但是大学生学什么东西上手还不快？几天的功夫就把那几种水泵弄得明明白白了，半年之后杨中宝就成了公司里的顶梁柱，销售业绩独占鳌头。

这时，经理对杨中宝已经开始另眼看待了，所有的销售人员中他来得最晚，但是他的职务最高，薪水最多，其他推销人员解决不了的业务杨中宝能解决，其他推销人员拿不下来的山头，杨中宝能拿下，杨中宝似乎从工作中找到了一点快乐的感觉。

这时又发生了一件事情，对杨中宝的刺激挺大：

那是2007年8月，我和另外一个业务员代表公司到大连会展中心参加展览会，傍中午的时候会展中心的工作人员给我们送来两张用餐券，我们理所当然地认为肯定是午餐的餐券，随手就揣兜里了。刚11点半，我们急忙收摊打的去用餐，结果酒店里根本看不到一个参展人员，一打听才知道餐券是晚上的。我们两个一商量，干脆午餐也不吃了，等晚上一起吃算了，自己还可以省下公司给的二十元误餐费。

晚上，我们两个最早来到酒店，饿啊，早晨怕迟到什么也没吃，午餐为了节省二十元钱也什么都没吃，正好晚上饱餐一顿免费的。我是回民，有四道菜是专门为我上的，反正彼此都不认识，管他三七二十一呢，菜一上来我闷头就猛劲往自己嘴里扒拉。正吃得来劲呢，和我一起来的业务员用脚碰了我一下，我抬头看了他一眼，他却一点表情也没有，我以为可能是人多不经意间碰到的，也没在意，低头稀了呼噜继续往嘴里划拉，真好吃，都是我从来没吃过的东西，也叫不上什么菜名，也没心思去想菜名那些事，只一门心思往嘴里填。这时和我一起来的业务员用脚又碰了我一下，我不解地抬起头斜视着看他：“快吃啊？！”

我那同伴竟然还是毫无表情。于是我直起腰来稍微大了点声：“多好吃，你怎么不吃？”那同伴面部还是毫无表情。这时我用眼睛扫了一圈，脸刷地一下子红到了脖子根——全桌的人都没动筷，瞪大眼睛，直挺挺坐在那里都瞅我一个人吃呢，那吃相肯定是相当囧了……

是，我不就是没吃过大餐，没见过世面吗？

是，我不就是饥饿，三顿饭拼成了一顿饭吗？

是，我不就是没有钱，为了省俩钱吗？

那顿饭杨中宝吃得狼狈极了，菜还没上完呢，他就走了，他走了同伴也不能自己坐在那里吃啊，结果害得同伴竟然一天没吃饭。

回到宿舍杨中宝自己就想啊：归根到底不就是没钱吗？他忽然就想起了那个《等咱有了钱》的灰色幽默：

等咱有了钱，喝豆浆吃油条，妈的想蘸白糖蘸白糖，想蘸红糖蘸红糖；豆浆买两碗，喝一碗，倒一碗；等咱有了钱，吃包子拌小米粥，妈的想蘸醋就蘸醋，想蘸酱油蘸酱油，包子买两个，吃一个，扔一个；等咱有了钱,先买内裤和袜子，想买白的买白的,想买黑的买黑的,袜子我一次买两双，穿一双垫脚底下一双；等咱有了钱，喝老酒抽香烟，妈的想喝红酒喝红酒，想喝白酒喝白酒；香烟点两根，抽一根，烧一根……杨中宝不再想了，他把手里的香烟使劲往地下一掼：“妈的！等咱有了钱，下馆子要两桌，吃一桌，掀翻一桌……”

就这样，杨中宝决定不再给别人打工了：自己干！非得活出个样来！一定他妈的要为自己是大学生而感到骄傲，而不是耻辱！

杨中宝终于鼓起勇气，他要下海了。

看花容易绣花难

万事开头难，创业更难。

当初给别人干的时候觉得挺容易，等到自己真正干起来的时候才知道，简直太难了，但是开弓没有回头箭，箭已经在弦上了，不能不发。

首先就要解决吃和住的问题。给别人打工的时候不以为然，没觉得吃住是什么大问题，出去一打听有点懵了，一个一室一厅的独门独户要一个月600元钱！和别人合租一个两室一厅的房子也要每个月400元，而且没有做饭的地方，如果要使用厨房每个月就是600元。跑了五六天也没找到合适的地方，要么嫌贵要么嫌房间太差……一直在20元一天的小店里住着，到了第7天才算找到了一个差不多的地方，一个月500元租金，两个人共同使用厨房。

2006年10月15日，杨中宝开始跑自己的业务。但他压根就没有想到竟然连企业的大门都进不去。过去到哪家企业说要找谁，门卫马上就通报进去了，那是经理已经和对方沟通好了，或者是客户在网上搜索之后主动找上门来的，说明人家知道你家大门从哪边开，你再找人家当然让你进门。现在可惨了，杨中宝刚出道，外资企业根本不了解他，所以肯定不让你进去，进不去门还谈个屁业务？

杨中宝连续跑了三天，一个大门都没进去。那天背着挎包正像兔子一样在保税区里一家一家地闯关呢，忽然觉得脚板发热，坐到路边石上，脱下鞋来一看懵了，鞋底磨露了！心里像打翻了五味瓶一样真不是个滋味。本来老爸是让他回家跟着大哥跑运输的，每天那是坐在车里四个轮子跑，现在可好每天靠两个脚板跑。要不就回去？大学不是白上了，大哥没上学为的什么？为的让两个弟弟日后出息。就这样出息？那天下午，杨中宝就坐在路边想，往左还是往右？往前还是往后？思前想后，好在他没有退缩，还算给大学生争了一口气。

后来，杨中宝总算学聪明了，他一边跑一边把一家一家企业的名字记下来，然后回家在114上找到他们采购部的电话，在电话里一家一家地沟通，最多的一天拨打了上百个电话，也许对方能有那么三五个业务主管同意约见，这样他终于能走进那一家一家对他紧闭的大门了。能见面就有希望，要知道，杨中宝可是整个大连市大学生的最佳辩手，说得比唱得好听多了。就这样一点一点的，他的业务就来了。

然而，做生意任何时候都不能高兴太早。就在杨中宝沉浸在喜悦之中的时候，意想不到的事情在杨中宝眼前出现了。有一家企业和杨中宝定购了三台规格非常特殊的水泵，杨中宝很高兴，马上在网上搜索到了，也向对方发了询价函，很快对方就把报价单传过来了。可是很多天过去了，对方就再没有下文了。杨中宝每天一上班就和对方联络，让对方把汇款信息传过来，对方却总是东扯葫芦西扯瓢，就是不说汇款的事情，把杨中宝搞得晕头转向。一个星期过去了，杨中宝实在按捺不住了，这时对方才吐露真情——要回扣！听说过吗？卖方要回扣！杨中宝好半天才回过神来。对方接着说：你放心，羊毛出在羊身上，我把先前的报价给你降下来，省下的利润我们平起平坐——各得一半！半个月的货期马上就到了，还有什么犹豫的余地？再说了人家是大拇手指头卷煎饼——自己吃自己！吃亏的是谁？是他的老板呗！杨中宝按着对方的要求把回扣汇到指定账户，其他一切马上迎刃而解，真让杨中宝长了很多见识。

两个月下来，杨中宝跑瘦了十多斤，鞋也跑破了两双，总算有了自己的三个客户。两个月结一次账，客户要给杨中宝付款了，杨中宝兴奋啊，无比兴奋！但是人家得和他要发货票啊，这一要发货票杨中宝傻了，原来给别人跑业务的时候也不用管这些事情，这两个月都忙昏头了，只想着跑客户了，也没想注册公司的事啊，上哪开发货票去？那些天，杨中宝活像一个无头的苍蝇，到处乱窜，见面就是开发票那点事……总算开出发票了，和当初送货时写的单位又不一样。当初随便写了个“中宝贸易有限公司”，结果“中宝贸易有限公司”根本就不存在，发票开的是另一个公司的，根本对不上茬口，其中所费的周折就别提了，一说起来全都是眼泪。就为了这三个客户的发货票，前后忙活了半个月，算起来几笔买卖根本没赚钱，就算是有了三个客户。

锦囊妙计

杨中宝的生意各方面都理顺得差不多的时候，新毛病又来了。

杨中宝原来的老板要和杨中宝算账，说杨中宝把水泵市场搞乱了，抢了他的客户。事情的经过是这样的，杨中宝的三个客户里，有一家是新开业的，杨中宝原单位的老板也去谈业务，结果和杨中宝撞车了。杨中宝就一个人，什么费用都没有，又是刚开始做买卖，所以报价比较便宜，订单被杨中宝拿到手了。原单位老板醋意大发，心想我这么大一个公司干不过你一个毛头小子？于是就开始找杨中宝的茬，又说要揍他，要告他，还说要让杨中宝赔偿经济损失，要把杨中宝撵出大连水泵市场……杨中宝胆子小，让原老板这么一闹不知道该怎么办了。

后来一高人给他指步，仅次于诸葛亮的锦囊妙计：

第一，不管你原老板怎么闹，你别和他对着干，毕竟你有对不住人家的地方，他打电话给你，你也别不接，你首先要表示出对他的尊重，他找你算账你就说软话，请他吃饭，赔礼道歉，先让他把气顺过来。

第二，他不找你的时候你千万别找他，就是过年过节你也别在他眼前出现，因为他看到你就心烦，你就是怎么对他表示你的心意，你也是他的竞争对手，他见了你就不会高兴，你要让他渐渐地忘了你的存在。

第三，不要怕他。光脚的不怕穿鞋的，无论他怎么说狠话，他不可能真动手，他有上千万的资产，他不可能和你一个一文不名的毛头小子动真格的，他就是要吓唬吓唬你，杀鸡给猴子看，以免有人步你的后尘。

杨中宝依计而行，这三个锦囊妙计还真管用，渐渐地那老板觉得没趣，也就把杨中宝给放过了。就这样，杨中宝小心翼翼、兢兢业业、深一脚浅一脚地，沟沟坎坎总算这么走过来了。

看见了吗？大学生毕业之后，期望值不能过高，要在理想和现实之间找好平衡点。无论什么工作都是一个绝好的锻炼机会，千万不要眼高手低，高的干不了，低的不想干，最后一事无成。你想啊，你刚毕业，什么工作经验都没有，谁会给你高额的薪水？无论什么工作先干着，有了实践经验之后再寻找适合自己的创业之路，成功率会更高。没有实践经验就盲目创业，一旦失败对自信心会造成极大的伤害。

当驾驶着自己心爱的轿车在宽阔的大马路上奔驰的时候，当大把大把钞票揣进自己腰包的时候，当星期天抱着孩子、领着老婆在花园里散步的时候，杨中宝从内心里感到了一种满足，为自己是一名大学生而感到骄傲，为自己是大学生的同时也是一个不折不扣的二道贩子而感到庆幸。

老兵新手

14 张学忠

31岁，河北省唐山市滦南县胡各庄镇西庄店村人。退伍军人，退伍之前是大连舰艇学院的一个“小排叉”，退伍之后曾经在街边摆过水果摊、对过缝、跑过业务，经过一段时间的闯荡，深刻感到：打工不如开店，于是注册了大连固德电子工具有限公司，摇身一变成为董事长。

最高兴 经常有十几万的大单子通过互联网意外地找到自己的公司。

QQ 908813776

邮　箱 newrapid@163.com

电　话 15941169956

□从一个“大单子”说起

张学忠刚到连发商场的时候，大家还以为他是计算机技术专业的大学毕业生呢。

连发商场里这些做生意的老板，计算机人人都有，而且都是品牌机，但是真白瞎了，一个个只会上网聊天、上网游戏、上网搜索，哪怕出现一点小毛病都束手无策，像发送一张图片，下载一个程序等等，都要花钱找专业人士来解决。有一次一个老板的电脑打不开了，急忙开车到外面找来一个范儿，人家到现场一看，原来电源被别人碰掉了，人家把电源往插座里一插，出场费30元！自从张学忠来了之后，这样的问题总算不用到外面去找人了。

张学忠经销了一个叫奇力速的电动螺丝刀，开始我很奇怪，别人的生意一般都是只局限于大连市，甚至只局限于大连开发区。张学忠的客户却不同，天南海北到处都有，一会儿青岛，一会儿长春，忽而唐山，忽而哈尔滨……后来闲聊中才知道，人家张学忠自己会制作网页，他把自己的商品信息全部发送到网页上，然后挂到一些知名的网站上，没事儿的时候就在“百度”和“谷歌”上一次又一次地搜索、点击，上来下去，下去上来，乐此不疲。大家还纳闷呢：自己总上自己的网页，有什么可看的，不就那几样商品吗？其实大家不知道，就在上来下去的反反复复中，张学忠网页的点击量却蹭蹭地攀升上去了。于是他经销的电动螺丝刀在“百度”和“谷歌”的排名蹭蹭地不断向前，天天向上，客户也随之不断增多。自然地，白花花的银子随着点击量的不断增加，也源源不断地进了张学忠的口袋。

那天张学忠特兴奋，自告奋勇地非要请大家喝酒。我莫名其妙地看着张学忠：“你是不是白天做梦娶媳妇了？”

张学忠说：“娶啥媳妇，昨天在网上接了一个十多万元的单子，高兴！让大家和我一起高兴高兴。”

我说："真的？"

"真的！"

我说："你有钱，我们还没有时间呢。"

……

光屁股走正步

张学忠今年31岁，别看他年轻，但是办事还算挺牢，麻利、干练、守时，作风雷厉风行，毫不拖拉。已经复员五年了，但是军人的气质依然非常典型地表现在他的一言一行之中，尤其是走路，腰板挺直，健步如飞，比兔子还快。

张学忠当的是海军，最初是在北海舰队二大队，新兵连训练过程中发生了一点意外，因祸得福，他被分配到了大连舰艇学院。

张学忠回忆起了那次意外：

当时从新兵连里挑选了13个人，训练走队列，要参加北海舰队的队列比赛，我是这13个人中的一个。训练非常艰苦，也非常枯燥。比赛前3天，班长领我们去洗澡，想放松一下，也去一下身上的汗臭。可能练正步走练出毛病了，洗澡完毕迈着正步向外走的时候，在瓷砖地面上不小心就滑倒了，膝盖被一块破瓷砖划开了一个大口子，殷红的鲜血染红了雪白的瓷砖。

班长立刻慌神了，我伤什么样无法预计，这要是耽误了比赛班长可就惨了。

班长非常生气："你说你，在澡堂子里光着个屁股，走啥正步？"

我被立刻送往附近的一个门诊部，点背！门诊部里的大夫不在，距离城里的医院又太远，无奈之下只好弄几个创可贴贴上了事。那天晚上班长来看我好几次，就怕耽误了比赛。我咬着牙坚持，脸上做出若无其事的样子，告诉班长："没事，放心吧，保证明天走的和昨天一样！"

说是没事，第二天训练结束之后，我回到宿舍一看，绒裤上一大片血迹，内衣内裤全都湿透了，都是被汗水湿透的，伤口比针扎不知道要疼多少倍！咬牙坚持，结果憋出了一身冷汗。再看伤口，血的确已经不出了，但是雪白的肉向外翻翻着，像小孩的嘴唇一样，看着就瘆人。班长和几个战士马上架着我往附近的门诊部拽。门诊部的大夫要给我缝合，我没让："现在这样已经适应了，一缝合就不敢动弹了，就没法训练了。"于是就这样一直坚持到比赛结束。

本来训练的时候连部说了，如果得了名次给我们发奖金。我们班后来在北海舰队队列比赛中真得了第一名。哪有奖金，就给我们每人一个嘉奖，这事就算完了。13个人每人得了一个证书，乐得什么似的，也是，当兵才几个月就得了嘉奖，这是可遇不可求的美事啊。

后来我带伤训练的事情被上边的领导知道了，就把我的事情作了通报，大加表扬。新兵训练结束的时候，很多人都被送到了基层，我却意外地被送到了大连舰艇学院，分配到了通讯排里，工作既轻松又能学到技术，是很多战士都梦寐以求的兵种。

就这样，光屁股走正步，虽然使张学忠体内流出的殷红的鲜血染红了雪白的瓷砖，但是张学忠却因此而来到了大连。

部队里的寂寞时光

老话说，好汉不当兵。因为部队的生活封闭、寂寞、艰苦。

张学忠的家在河北省唐山市滦南县胡各庄镇西庄店村，这是一个很贫穷的山村，每个人平均只有一亩四分地，这点土地打出来那点粮食将够填饱自己的肚皮，根本没有剩余的粮食换油盐酱醋茶。每个家庭靠养殖一点猪鸡鹅鸭赚一点零花钱，生活很清苦。送张学忠出来当兵也是想让他混出一个模样来。张学忠其实在部队里混得还算不赖，因为光屁股走正步被幸运地分配到了舰艇学院，开始他在通讯排里学技术，排里一共有三个班，分别负责配线、总机、外线，涉及光纤技术、交换机技术、计费技术。张学忠是一个高中毕业生，当年因为自己的实力一般，不具备考大学的能力，而且家里也的确供养不起一个大学生，所以张学忠被送到了部队的大熔炉里。没有什么文凭，在通讯排里学那些深奥的技术，而且还处处精通，说明张学忠这小子不简单。

在部队那段时间一边学习，一边还想着入党，还盼着提干，加上生活的封闭、枯燥，张学忠感觉压力很大，经常需要减压。就他们那点津贴，到外边去减压是不可能的，于是战士们经常买啤酒回宿舍喝，两包花生米、一袋榨菜、两只咸鸭蛋，几个要好的朋友偷偷地凑在一起解闷。不敢拎着啤酒从正门进入学院，他们就从没人的地方翻墙出入。有一次，张学忠出去买啤酒，翻过院墙刚一落地，一个酒瓶子掉到了地上，摔得粉碎，张学忠站在那里心疼了半天。走出老远了张学忠突然想起来了，告诉同伴："去看一看瓶盖，有没有中奖，中奖还可以赠送一瓶呢！"

这就是他们的生活，穷啊，苦啊。

后来，由于张学忠学习刻苦，业务精通，严格要求自己，被提拔为通讯排排长。所有的工作都由下面三个班长担当起来了，自己一下就闲下来了。没有学历的排长，在没有什么特殊贡献的条件下，一般是不能被提拔为连长的，也就是说无论你张学忠再怎么干，排长已经到顶了，生活似乎在一瞬间变得没有了奋斗的目标。

当排长以后那段时间是张学忠最寂寞痛苦的时光了。就在这个期间，张学忠家里发生了两件大事，张学忠一直都被蒙在鼓里，家里就怕耽误孩子在部队出息，一直都没告诉他。

2000年，一个金色的秋天，家里的庄稼大丰收，张学忠老爸帮着张学忠姑家打谷，可能对打谷机还不太熟悉吧，打谷的时候，中指和食指一下子伸到了高速旋转的皮带里，老爸一紧张向外一使劲，结果手指头上的肉全部被皮带绞下去了，只剩下白煞煞的光杆骨头……还好，赶上了好时候，在唐山医院里，张学忠老爸的中指和食指被截了下来，像种树一样种在了自己左臂的肌肉里。大约两个月后，取出手指，原来白煞煞的骨头上已经长满了肌肉，再从臀部上植皮贴在中指和食指上，然后重新接到手上，总算保住了两根手指。虽然不是很灵活，但毕竟也是手指啊。

2001年，张学忠老爸又发生了一次意外。当时老爸买了一辆农用三轮车，反正天高皇帝远，虽然没有驾驶证，但谁管啊？再也不用蹬自行车在冰天雪地里跑了，开起三轮车在乡间的小道上狂奔，那才叫开心，兴奋劲简直比城里有钱人开奔驰还熨帖。不是说老要张狂少要稳吗？那天张学忠老爸也想要张狂一回，浪漫一回，拉着张学忠老妈到城里去兜风，可能是有点高兴得过了头吧，三轮一下子从桥上飞到了桥下——老爸严重骨折，在医院里住了一个多月。

这些事情直到张学忠回家探亲的时候，才从老妈的口中得知。张学忠哭得稀里哗啦，有什么办法？这就是军人，为祖国尽忠，就无法为父母尽孝。部队的生活使张学忠学会了顽强、坚韧，成就了他自我创业所必须拥有的优良品质。

通讯排长的水果摊

当一个排长每个月不过500多元钱的津贴，在大连这样的城市里根本就剩不下什么，也帮不了家里。提干已经没有了希望，拿破仑说“不想当将军的士兵不是好士兵”，张学忠其实特想当将军，但是他没学历也当不上啊。再说了，老想着当将军不安于本职工作的士兵也不一定是好士兵。所以，为了当一个好士兵，张学忠决定不想当将军的事了，想想自己未来的事吧。

一个偶然的机会，张学忠告别了部队。

那是2002年，在探亲回大连的列车上，张学忠遇到了一个河北老乡。老乡有座，张学忠没有，张学忠就倚在那老乡座位的靠背上。列车飞驰，张学忠就与这个老乡神侃，聊来聊去他发现自己认识这家伙的三姑，一下子两个人就近乎起来了。这个老乡的目的地也是大连，车到终点的时候，两个家在异乡的异客已经是难分难舍的朋友了。后来这老乡就经常到舰艇学院来找张学忠，老乡的经济条件比张学忠强，所以经常请他下饭店、洗桑拿。再后来这老乡就开始动员张学忠复员，出来经商。

原来这老乡一个人在大连经商，代理了台湾一种叫奇力速的电动螺丝刀，收入不错，但是经常忙不过来，缺少一个帮手，他看好了张学忠。一个在部队大熔炉里待了5年的青年，与在社会里混了5年的人绝对不同，部队出来的人有规矩、有素质、有修养。张学忠家里是农民，复员就得回家务农，前途未卜。他也曾经尝试着在大连找一份和自己在部队里学的东西相配的工作，结果处处碰壁。大家都认文凭，根本不认部队的奖状和排长的职务，最好的一次有一家公司答应他当几天保安试试，张学忠心里很不是滋味。

就这样在老乡的“勾引”下，张学忠从位于渤海之滨的舰艇学院一猛子扎到了商海里，开始推销他的奇力速电动螺丝刀。起初老乡每月给张学忠600元钱，管吃管住。从2004年10月起，天天跑客户，报价、送货、维修，陪吃、陪玩，比部队里可累多了。朋友嘛，张学忠完全把这工作当成了自己的事情，本以为第二年能给多加点薪水呢，结果就给他涨到800元。陪客户抽点烟喝点酒几天就没了，根本贴补不了家里。所以干了不到一年，张学忠一狠心就向老乡辞职了。老乡极力挽留，答应给他多加一些薪水。朋友之间话说到这个份上就没有意思了，想一想，张学忠还是告别了老乡。

2005年5月，张学忠回到了自己的家乡。

在城市繁华喧嚣的街道里穿行惯了，在网络上横冲直撞惯了，在灯红酒绿的餐桌上推杯换盏惯了……一下子淹没在乡野恬淡宁静的阡陌之中，仿佛与世隔绝了一般。手机几天了都没响过一次，胃里的酒虫却不停地刺激他的神经，只好拼命地在田野上帮家里干活，让疲劳来战胜大脑的空虚。高中没毕业就当兵，从来就没干过地里的农活，几天下来就累趴下了，胳膊腿是累，然而真正的累还是在心里。

干不了农活，大连也回不去了，怎么办？老爸说话了："要不你到城里摆个水果摊吧？村口老王家那个二胖子就在城里卖水果，挺赚钱的。"

当了5年兵，还是通讯排的排长，纯玩技术活的，复员回家当一个卖水果的小贩？张学忠怎么也转不过这个弯来。可是不卖水果还能干什么呢？想当县长组织部门也没考核啊！想当李嘉诚，也没有那么些资本啊！在城里摆个水果摊还算是一个比较现实的选择，有一个倒骑驴、一杆秤，再拿三五百元流动资金，足矣！水果摊就水果摊吧，别想那么多了，吃饭要紧啊！就这样张学忠在城里摆起了水果摊。别看就一个水果摊，看起来容易做起来其实老难了！要早晨三四点钟起来到早市上去进货，去晚了就进不到新鲜货了。进完货马上回家吃饭，然后到城里去占位置，去晚了好地方就被别人占去了。一个人守着个倒骑驴一站就是一天，连个替换你上厕所的人都没有，一口水都不敢喝，还要对每一个走到面前的人陪着职业化的笑脸……这是好的时候。

不好的时候可就惨了。有一天说是省里的一个大官到城里来视察工作，张学忠刚摆好自己的摊位，就见从一个吉普车里跳下几个戴大檐帽的。其他水果摊上的业主推起自己的水果摊撒丫子就跑，张学忠刚来，根本没弄清楚怎么回事，呆鸟一个，痴呆呆地还傻站在那里呢，一车水果早被城管掀翻在地了，还连踩带踹的，并且根本不容分说，秤杆子咔嚓就给一掰两截。要不是拼命守着自己的倒骑驴，这花几百元买的唯一一个机械化产品也被城管给扔汽车上了，那可就肉包子打狗了……

张学忠可是在舰艇学院里当过排长的，哪里受过这种鳖气，但是不受也得受，这叫虎落平阳被犬欺，龙游浅水遭虾戏。就这样一气之下，练了18天的水果摊寿终正寝了。一个在部队里服役5年的党员、排长，容易吗？心里难受啊，难受也没用，回家自己劝自己去吧。这就是城市，这就是社会，你要生存，但是城里人要环境；你要公平，但是城里人要效率；你要讲人情，但是城里人要讲法律……这些都是永远无法调和的矛盾，哪个重要？谁也说不好。

老大连摔了一个新跟头

伤心归伤心，生气归生气，想要振兴家业，想要给自己的未来找一条阳光大道，该想辙还得想辙。老话是这么说的：天上下雨地下滑，自己摔倒自己爬，亲戚邻居帮一把，还得酒换酒来茶换茶。毛主席是那么说的：自力更生。

张学忠梳理了一下心情，决定重回大连，杀他一个回马枪。按理说在大连当兵5年，在老乡那里又跑了一年业务，应该是一个老大连了，可就是这么一个老大连，竟然在大连遇到了新问题，使张学忠一脚踩空，栽了一个大跟头，老大一个大跟头。

事情的经过是这样的：

张学忠一来大连就到舰艇学院找了自己的老连长。连长也没有什么大本事，每天蜷缩在部队的大院里，出了部队大院连个认识人都没有。连长最大的本事也就是可以给张学忠安排一个住的地方、吃的地方，其他的事情只能让张学忠自己慢慢想办法。连长无奈地说："也许等我熬到团长的时候就有办法了，可那时你张学忠早不知道跑哪个爪哇国去了。"这一竿子支得也太远了吧？

张学忠有心回老乡那里跑业务，但是抹不开面子，只好每天背着在部队时背的那个草绿色小背包满大街找工作。真是功夫不负有心人，来大连的第3天，在老虎滩，离舰艇学院不远的一个地方，张学忠发现了一个本小利大的买卖：一家对外出口的工厂，名字叫中益工艺品厂，向外委托加工一种按摩鞋垫，就是往鞋垫上串一些很小很小的小珠珠，用小珠珠把整个鞋垫覆盖上，一双鞋垫收10元钱押金，加工一双合格鞋垫给20元加工费，10元押金退还。张学忠一看这个买卖不错，也没问一问老连长，就自作主张交了1000元押金，拿了100双鞋垫，给老连长打了一个告别电话，连夜就回到了老家。张学忠按一双鞋垫10元钱加工费的价格包给了村里的5个老乡，每家20双，都没够分，那几天到张学忠家里找活的都不下20人，张学忠真后悔自己拿回来的鞋垫太少了。

5天之后，张学忠兴奋地乘上了唐山到大连的火车，心情和水果摊被人家掀翻的时候根本没法比，那叫灿烂！5天的功夫不费吹灰之力1000元赚到手了！想想吧，把鞋垫一交，加工费2000元，押金1000元，再添上带来的2000元，可以一次拿500双鞋垫回家，半个月之后再回来，转眼就可以赚上5000元！这样干下去不出半年就可以赚上5万元，还干什么？

张学忠越想越美，下了火车打个出租车直奔中益工艺品厂。他兴冲冲地把鞋垫交到了收货处，产品质量检查员从鞋垫里随机抽出来5双，拿起手边的一个放大镜，比鸡蛋里挑骨头还要认真地开始检查，张学忠紧张得大气都不敢出。三四分钟的功夫，检查员有气无力地把鞋垫往柜台上一扔："不合格！"

张学忠不懂，拿起那些没检查的鞋垫说："这些还没检查呢！"

"我们这里是抽查，抽查5双都不合格，说明你这些鞋垫都不合格，不能验收！"

张学忠的心一下子就凉了，后脊梁上马上就大汗淋漓了！押金1000元，加上付给老乡的1000元，一个星期的功夫里外里赔了2000元，加上来回的差旅费，将近3000元钱！张学忠简直后怕死了，多亏没一下子把这5000元都买了他们的鞋垫，不然恐怕……张学忠越想越怕。

坐在工艺品厂外边的台阶上越想越窝火，从早晨到下午3点一口饭都没吃，尽想着发财的美梦了，到头来竟然是一枕黄粱。

到边上的小卖部买烟的时候，小卖部的老板问他："送鞋垫的吧？"

张学忠一愣，他已经被骗怕了，本能地望着小卖部老板惊惧地一句话都没敢说。

小卖部老板又说了："你再就别送了，这纯粹是骗人的买卖，他们只是往外放货，就没收过一个人送回来的货。那一双鞋垫和几颗破珠珠两块钱都不值。"

"就没人管吗？"

"怎么管？你们都是些外乡人，每个人损失一两千元，到哪儿告去？再说你们之间没有合同，也没有收货标准，谁给你们断这无头案……"

张学忠在那个台阶上一直坐到了半夜，一支烟接着一支烟，一个小半夜抽了3盒烟。要是5000元都变成鞋垫的话，他都能像伍子胥一样一夜白头！

电动螺丝刀的工作辞了，地里的农活不会干，水果摊让城管给掀翻了，加工鞋垫让人给骗了……前途渺茫，走投无路，欲哭无泪。

这是张学忠人生的最低谷。干什么不得交点学费？这就是教训，有了这一次在将来的生意场上你就学会了提防，也不是什么坏事，就算挫折教育吧。

回到原点再次出发

真是天无绝人之路，就在万般无奈的危急时刻，张学忠接到了早先那个河北老乡的一个电话，他激动得就差没哭了："哥们，我是小张，刚到大连！"

老乡："怎么样，休息够了吧？想不想回来？每个月给你1000，其他的年底再说！"

张学忠心里直偷着乐,真是天无绝人之路："好啊，咱俩谁和谁啊，回来就回来吧，你怎么说就怎么办呗。"

就这样，用一年的时间用圆规一样的双脚在外面画了一个大圈，之后又回到了原点。不当老板的时候谁都认为自己是当老板的材料，当了老板才知道，过去的确是太高估自己了。据一份资料显示：个人创业的头3年，生活质量下降者是100%；在两年之内创业失败，关门大吉的占90%；真正能熬过3年的就是珍稀动物了。3年是一个坎，过了3年基本就有成功的希望了，张学忠毕竟还不是一个珍稀动物。

两次创业失败使张学忠变得更加珍惜自己现在的工作，也变得更加用心了。他在工作中学会了观察公司运转的一切，他在心里把自己当成老板而不再是一个跑业务的业务员。如何降低跑业务的成本，老板怎么就价格和对方谈判，如何订货，怎么在网上采购、销售，如何宣传自己的公司、产品，吃饭的时候主人坐什么位置、主宾坐什么位置，如何点菜等等，张学忠的观察甚至做到了细致入微的程度，他在悄悄地为自己再次创业做精心的准备。烟戒掉了，酒不喝了，新衣服也不买了，只要是走路够得上的地方他一律用脚步丈量，目的只有一个：为自己当老板积蓄资本，积累经验。

千里搭帐篷，没有不散的宴席。张学忠在奇力速夹着尾巴蛰伏了3年，创业的一天终于到来了。2008年5月，张学忠告别了老乡，告别了自己曾经为之奋斗了4年的公司，他要展翅高飞了……

说高飞其实没飞多高，也没飞多远，他从奇力速飞到了大连开发区连发商场，在那里租了一块地方，干了一年，羽翼就丰满了。就像先前说的，订单像雪片似的从祖国的四面八方飞到连发商场张学忠的柜台上，在这些订单的刺激下，这回张学忠终于要自己飞了。

很快，张学忠的第一桶金就装满了。现在他已经有了自己注册的公司，有了自己代理的产品，有了自己固定的客户群。那天我和我老婆在新玛特商厦闲逛，与张学忠不期而遇，身边竟然站着一个漂亮的美眉，张学忠眉开眼笑地介绍："我对象！"

于是，我老婆和张学忠对象聊起了妇女们感兴趣的话题，我和张学忠侃起了生意经。

张学忠这个对象是大学毕业生，学的是会计，张学忠在外面跑业务，对象正好给张学忠当家理财，很好的一个夫妻店。

我问："现在代理什么产品呢？"

"还是电动螺丝刀，不过不是奇力速了，是台湾的'好帮手'，还有GOOD牌批头。"

我又问："什么时候买车啊？"

"年底吧，也买不了什么好车，实用点的就行，我看那个乐风不错，还挺便宜！"

"这对，创业阶段就该这样，等买了车别忘了拉我兜风！"

"那还说啥了。"

……

荒唐少年变形记

15 王峰

33岁，大连市复州湾人，初中未毕业便进入社会，曾经以打架为人生一大快事，后浪子回头开始自己创业，对多种行业进行过尝试，均以失败告终，后来以做贸易起家。

最难忘 买了一台用三相电的设备，厂房里却没有三相电，而接三相电的投入竟然比设备的投资还要高。

QQ 849316564

邮　箱 wangxuefeng1681@163.com

电　话 15104068700

古惑仔

认识王峰是他到连发商场之后。

每天，王峰除了忙生意之外，似乎没有什么特殊的爱好，平时沉默寡言，既不喜欢大碗喝酒，更不擅长大块吃肉。虽然已经30岁开外了，似乎还没脱掉一身的孩子气。

后来接触多了，我才真正地了解王峰，原来做生意之前他曾经是一个喜欢打打杀杀的古惑仔。

2002年夏天，我们邻居不知道是哪根筋搭错了，竟然突发奇想在我家门前建起了一个小临建房，正好把我们家那套房子的门脸给挡了个正着。我和这位不讲理的邻居在那理论，我老婆怕对方来荤的，就给王峰打了一个电话。王峰来了，手里拎了一个手包，站在一边，仿佛事不关己一样，饶有兴致地听着我们在那里吵嘴，一声也不吱。这时，对方一个膀大腰圆的小子旁若无人地走过来说："我们就建了，就挡你们门市房了，怎么的吧？"

王峰忽然刷的一下把手包打开，两只手伸到包里一手拿出一把菜刀来，像猛虎下山一样冲了过去，大吼一声："谁说的，你小子是不是活腻歪了！"说完就像入无人之境一般直奔那小子冲了过去……那小子脸都吓白了，仓皇逃窜，我老婆也不比那小子吓得轻，面如土色，一脸惊慌失措。

过去只听说贺龙两把菜刀闹革命的故事，今天看到王峰的两把菜刀竟然也如此了得，让我们在场的每一位都大长见识。

我老婆心有余悸地对王峰说："让你来帮忙看一看，你怎么能拿菜刀来呢？"

王峰笑了："昨天从杭州回来，买了两把王麻子菜刀，还没开刃呢，吓唬吓唬他们。"

别的就不说了，临建房自然是拆掉了。

还有一次，王峰怀里揣了七八千元钱，乘车从大连开发区到复州湾。不知道他的什么动作给车上的扒手做了暗示，小偷瞄上了王峰口袋里的七八千块钱。汽车快到复州湾的时候，王峰感觉有人掏他口袋，他一闪身，发现对面的扒手以自己搭在左臂上的外衣作掩护，右手已经伸到了他装钱的口袋。王峰左手一把薅住扒手的胳臂，右手上去就是一拳，这一拳比不上鲁智深拳打镇关西那一拳，但是，扒手的脸也仿佛开了一个彩帛铺：红的，黑的，紫的，都一起绽放出来……

虽然喜欢打打杀杀，但王峰又是一个非常讲义气的小子：

有一次，我们两口子和王峰在一起吃饭，酒桌上王峰向我借2000元钱。我说："这还不好说？"随手就递给他2000元钱。正喝酒呢，王峰的一个朋友打来电话，向他借1000元钱。王峰二话没说，告诉对方："我在阿妈妮吃饭呢，你自己来取吧。"

撂下电话，我就剋王峰："你小子这不是打肿脸充胖子吗？自己没有钱还借钱给别人？再说这小子哪有钱，借了你的钱一年半载都不会还给你，上次打麻将借我的钱现在还没还我呢！"

王峰嘻嘻笑："借他吧，挺可怜的！"

还有一次，那是2007年3月，大连遇上了一场百年不遇的风暴潮，北风呼啸，大雪纷飞。大风把轿车都吹翻了，停车场的看车亭也被大风掀到了马路中间，行人都蹲在路边搂着树干不敢动弹一点，不然就会被大风卷走。王峰看风这么大就给下夜班的妻子挂了电话："风太大了，太危险，下班就别回来了，在单位住吧。"

电话刚挂，朋友的电话马上进来了："王峰，把车借我吧，我去接老婆！"

王峰："这么大风能行吗？你想去你就去，你自己来取车吧。"

自己都不敢去，却敢把车借别人。5分钟之后，朋友又来电话了："算了，外边老多轿车都被大风掀翻了，我也不去了。"

王峰就是这么一个野小子，没有什么规矩，爱打仗，讲义气，为朋友两肋插刀。这种性格，最适合做朋友，却最不适合做生意。

虽然不适合做生意，可王峰最后又偏偏做起了生意。不是说吗，人生不如意常十之八九，哪能你想什么就来什么，你以为你是谁？不适合做生意也得做，这就是生活。

不安分的毛驴

1995年6月，初三还没念完呢，王峰就说什么也不想再上学了，哭着闹着就想上班。高中、大学考不上，父母也不指望了，好歹也得拿个初中毕业证吧！可是倔得像头牛一样的王峰说什么也不想在学校里混下去了，就是要上班。当时，王峰的大姨夫在大连开发区小孤山开办了一个塑料管件厂，王峰其实就是让这个厂子给闹的。上班就上班吧，反正是自己家的工厂，工种随便挑，会计、统计、保管，都得记账，王峰说不会；设备维修、工厂管理、人事管理，要协调各种关系，王峰说不懂；办公室、总务、后勤，事情太杂，王峰说不行……最后大家认为还是学徒吧，学点车钳铆电焊，掌握点真本事，从头做起吧。

就这样，一个初中“未毕业生”，还没定性呢，就走入了社会。本来以为上班能多有意思呢，结果根本不是想象那么回事，天天蹲在车间里摸爬滚打，浑身油渍麻哈的，又累又脏，一点意思都没有，一件干净的衣服都穿不着，一个月才300元钱，下顿饭店都不够。结果可想而知，干了不到半年王峰就坚持不住了，反正自己的姨夫是老板，不愿意干了，拍拍屁股就走人。

王峰的家在瓦房店的复州湾，6间大瓦房，开门就能看到大海，就能看到一望无垠的盐池，就能感觉到海风潮湿的抚摸，就能嗅到大海淡淡的腥咸味道。像海子的诗写的一样——“面朝大海”，只是春暖的时候没有“花开”。虽然王峰生在农村，但是因为王峰的老爸一直在盐场上班，所以他们家是生活在农村的非农户。在二三十年前，农户和非农户的差别可大了去了，所以王峰的骨子里可能就有一种优越感：我是非农户！他身上似乎缺少那种吃苦耐劳的精气神。

不肯在工厂里学徒，但才19岁，也不能在家待着啃老啊。父母一再托关系找门路，在家待了半年多的功夫，王峰很快又在开发区找到了一个比他姨夫那工厂要好很多的一家合资企业——圣罗娜食品有限公司。这里有西点组、面包组、蛋糕组，王峰被分配到了蛋糕组。可能是蛋糕的色彩、样式、味道吸引了王峰吧，经过韩国师傅的认真点拨，顽皮的野小子王峰很快就掌握了生日蛋糕的制作技术，并被派往大连开发区商场，负责蛋糕现场制作，白大褂一穿，还真有那么点意思。

干了半年，干得不错，老板一看是一个可造之材，于是又把他调回车间，学习西点制作技术、面包制作技术，似乎要把王峰打造成一个技术全面的师傅，这令王峰喜出望外。

此时的王峰似乎比刚入社会的时候懂事多了，认为要抓住机遇，就要博得领导的欢心，正这么想呢，机会来了。

王峰的顶头上司——车间主任让邻厂的工人给揍了一顿，王峰不容分说，纠集了车间里的几个死党，也给对方一顿揍。主任特别高兴，从此也对王峰另眼看待，王峰就此洋洋得意起来。虽然只有21岁，俨然已经是车间里的青年领袖了，很多事情他都喜欢掺和掺和，结果重重地摔了一跤。当时，很多小青年嚷嚷着要涨工资，还学会了罢工，王峰不明就里，充当起这些小青年的代言人，结果可想而知，大家的工资涨了，也都正常上班了，王峰却被开除了。

这就叫：炒豆大家吃，炸锅一个人的事。

在家休息了好一段时间之后，王峰整理好自己的心情，实在待不下去了，每天都面朝大海，就是看不到春暖花开，有点寂寞，该出手时就出手，王峰又出手了。1998年5月，王峰被大连康佳食品聘用，负责开发食品新品种，公司规定每完成一项新产品开发，并在市场上有销路，奖励1500元钱。王峰在这家食品厂勉强干了一个月，他后来坦言："没什么可干的，条件不行，脏乱差，不是我想要的那种单位。”

很快，王峰又被三叶食品聘用，被任命为车间的技术指导。一听名字似乎挺让人洋洋自得的，小小年纪就成了车间的技术指导，这要是在国家排球队，不就是陈忠和的角色吗？毕竟这不是国家排球队！王峰只干了3个月又够够的了，辞职不干了。王峰说：“啥技术指导，纯粹拿豆包不当干粮，拿村长不当干部，和他们那些学徒工一样在车间里干活，就说得好听。”

4年换了4个单位，像一个不安分的毛驴，四处乱逛，就是找不到适合自己口感的芳草。不安分是这个年龄段的人的一个通病。眼高手低，看什么都不服气，干什么都干不好。浮躁、虚荣、骄傲。这个时候最需要的是长辈的指导，需要心理的安慰，需要安静的心情。可惜，这些王峰那时候都没有。

闪开，散财童子来了

1999年年末，王峰终于做出了人生之中最重要的决定：不再给别人打工了，他要自己创业。王峰首选的项目是要在瓦房店的炮台镇开一家生日蛋糕店。

其实这个项目在那个时候那个地方根本就不太靠谱。炮台镇是一个什么样的地方呢？那是一个才几平方公里的小镇，2009年的规划面积才有10平方公里，就相当于城市里的一个小区。况且生日蛋糕是消费群体非常特殊的一种食品，平均来说每天人群中只有三百六十五分之一的人过生日，而这三百六十五分之一的人又有多少能买生日蛋糕呢？而且当时炮台镇只有3万人口，如果按十分之一计算，每天只有七八个人买你的蛋糕，租房子的钱都赚不回来。

王峰倔啊，他想好的事情谁也劝不了，你说你的，我做我的，左耳朵进来，右耳朵出去。他好说歹说从老娘口袋里抠出了5万元钱。房子租好了，设备也买回来了，手机也拿上了，大老板的派头也有了，就等着开业了。结果开业没开成，生活给王峰开了一个大玩笑——设备需要三相电，而租来的房子只有两相电，要增加成三相电的增容费就得10多万元，家里根本拿不出来10多万元后续资金投入，朋友们一个个也是束手无策。无奈，只好把设备卖掉，2万多元的设备只卖了5000元，房子的租金交了，人家不给退租，合同规定又不准转租，1.5万元的房租也打了一个没有声响的水漂，加上一段时间以来的花销，张罗了两个多月，5万元钱张罗没了，手里只剩下了一个爱不释手又毫无用处的手机。为什么说毫无用处呢？因为什么正经事情都没有，你说拿一个手机又有什么用处？

一个地地道道的散财童子。创业要经过可行性研究，要对创业的各个环节进行详细分析，连设备使用的是三相电还是两相电都不知道，怎么能这么鲁莽地投资呢？再说了，在这个行当里混了这么多年了，平时都干什么了？归根到底还是年轻。

5万元钱两个月赔光了，怕家里埋怨，王峰索性也不回家了，想想就开发区还有几个熟人，只好跑到开发区来。当天夜里，兜里还有不到100元钱，凑合着在一家洗浴中心住了一晚上，第二天没敢住洗浴中心，因为还要吃饭呢。接下来在路边的长椅上睡了两晚上，第三天刚从长椅上起来，让一个朋友遇上了。

朋友说："怎么在这睡上了？"

王峰只好如实相告，于是被朋友收留，在朋友家度过了一段寄人篱下的时日。

2002年夏天，那是一个让人头脑容易发热的夏天。散财童子终于再一次从老娘手里搞来了5万元钱。王峰能搞不靠谱的投资，王峰他妈就能为他不断地供应资金。这回王峰选择了倒腾服装，与其说是倒腾服装还不如说是折腾服装呢，因为这又是一次错误的投资。

首先，倒腾服装要对服装有研究，有一双擅于发现美丽的眼睛，就王峰那眼睛，不像！色彩、款式、流行等等，他根本不懂，还是一个色盲。这里面学问大了，就这么一个二十二三岁的毛头小子，对服装没有半点研究和热情，只是为了想要赚钱就投身其中，不让水呛着那就怪了。不过让人欣慰的是，这一次毕竟是第二次了，已经有了一点经验，折腾了一个多月，服装摊还真让王峰给折腾起来了。

王峰给我讲了他几次荒唐的进货经历：

有一次，到沈阳五爱市场进成套的西服男装，是市场刚推出的流行款式，一次进了50套，每种规格三四套。本来以为能赚一笔呢，第3天才发现，所有的西服全是一种规格，而且是最小的规格，很少有人能合身，估计是我上货那家卖剩的。五爱市场是鱼龙混杂的市场，都是个体户，进货也没要发货票，也没要信誉卡，根本想不起来是谁家的货，即使知道又有什么用？没凭没据的谁理睬你？这些西服直到我关门大吉也没处理掉。

还有一次，进的是小姑娘穿的连衣裙，裙子腰部有一个腰带。等卖连衣裙的时候我懵了，怎么也找不到裙子上的腰带了，这裙子怎么卖啊？在万般无奈的时候本想找人给加工一些腰带呢，市场上竟然找不到一样的布料。后来只好给连衣裙配了一条皮带。多花了30多元钱，效果还没有原装的好。裙子刚卖完不几天，腰带在另一包衣服的最底下自动出来了，什么用也没有了，20条腰带，赔了600元钱。

王峰说："这样的事情多了去了，说都说不完。反正我的服装摊位是金玛商城里生意最不好的，衣服的款式、色彩都不招小姑娘喜欢，我自己也不招小姑娘喜欢，勉强维持了几个月，就关门大吉了。"

常言道：老要张狂少要稳。是说，老年人暮气太重，所以要张狂一些，会焕发青春活力；年轻人火力太旺，所以要收敛一些，会使人变得更沉稳，显得老成持重。

这话不假。王峰要是早点有人指点，办事再沉稳一点，少走一些弯路，以他的经历、胆识、人脉，早已经成为百万以上的中产阶级了，不就是太年轻把持不住自己吗？不就是太年轻没有社会经验吗？

就这样，从1995年到2005年，王峰先后变换了十几个角色，全是主角，有时候一年就换好几个工作角色，干一样够一样，干一样赔一样，10年的大好时光，一路走下来什么也没有剩下，剩下的全是眼泪。

他还有勇气走下去吗，下一次他还能走多远？

普鲁士的小蜘蛛

经过这两次打击，王峰似乎成熟了一点，感觉自己不是经商的材料，再加上把父母多年积攒起来的一点家底都折腾没有了，也老实了。但是王峰也就老实了一阵子。

先是到朋友的一家玻璃钢厂跑业务，干了两年。仿佛在销售方面摸到了一点门路，2004年又换了一家企业，开始推销空压机。干到2005年年初，突然眼前又来了一个绝好的投资机会，也就是在这个时候我和王峰相识了。

当时王峰想租连发公司的房子做办公室，但是又有些担心，就在这个时候经过他姐夫的介绍，我们认识了他，于是我听说了王峰以前创业失败的故事，知道了王峰打一枪换一个地方的游击战术，面对眼前有些气馁的王峰，我明显地觉得他当年初生牛犊不怕虎的锐气已经发生了很大改变，杯弓蛇影使他迟迟不敢决断。

我突然想起了许国璋英语课本里的一段故事，于是对他说："我给你讲个故事吧。"

1306年的冬天，苏格兰国王罗伯特•普鲁士躲在爱尔兰岛上的一个小木屋里瑟瑟发抖，饥饿难耐。普鲁士拿起费好大气力才找到的一个萝卜咬了一口。他难过地想：如果说该放弃的话，现在是时候了。

苏格兰国王率领他的士兵已经6次被敌军打败，现在，他唯一的同伴就是屋角那只小蜘蛛，它正在小木屋的一角织它的网。

国王注视着这个小蜘蛛，它正拼命地将一股蛛丝朝木缘上搭。狂野的风一次又一次地潜入小木屋的缝隙，将搭在屋角的蛛丝吹断，而这只小蜘蛛却一次又一次地重复着同狂风的拼争。

“你试了6次都失败了，我的朋友，”普鲁士对蜘蛛说：“如果说该放弃的话，你现在也是时候了。”

小蜘蛛似乎没有听见他的话，它毫不气馁地再一次吐丝结网，耐心地做着它的第7次……这一次，它竟然成功了。

国王普鲁士惭愧地说：“我向你致以最真诚的道歉。看来我错了。如果还有一次努力的机会，现在正是时候！”

就在那一年的春天，罗伯特•普鲁士返回苏格兰，开始重新组织他的队伍。1314年，他带领这支骁勇的部队在班诺克伯恩同英军作战。虽然兵力不及敌人，但由于他们有必胜的信心和机智的谋略，最终他赶走了英国人，解放了自己的国家。

与其说是国王率领他的军队打败了敌军，还不如说是一只蜘蛛消灭了狂妄的英国人。

望着听得饶有兴致的王峰，我说：“难道你不想试试你的第3次吗？”

王峰笑了：“好，我也试一试我的第3次！怎么也不能赶不上一只蜘蛛吧！”

王峰的第3次就这样在连发商场开始了，这就是屡败屡战的精神，这就是不肯向命运屈服的精神，失败多少次都不怕，只要最后成功一次就足够了。

王峰在搞玻璃钢的时候认识了一个朋友，现在这个朋友在一个生产房车的日本企业当中方经理，王峰理所当然地成了这家企业的供货商，负责供应玻璃纤维、树脂、稀料、毛毡、抛光打磨工具等等，生意很稳定，每个月营业额四五万元左右，一年的利润也就十几万。因为前两次投资都血本无归，王峰手里缺少银子，只好和朋友合伙经营，这一合伙又合出事了。

王峰前些年不是跑业务吗，那时候积攒下来的人脉资源渐渐地开始发挥了作用。在合伙经营期间，王峰的另一个朋友给他介绍了一个新买卖，每个月的经营额两三万元，利润比较高，能有五六千元。当时王峰手里也有了一定的积累，所以他就打算自己做这个生意。

矛盾很快就产生了。王峰以为，我们两个合伙做的是房车这个项目，新客户是我自己朋友介绍的，与原来的项目没有关系，理所应当算自己的；合伙人不这么认为，合伙人想：合伙期间谈成的业务应该都是两个人的，你不能一个人独吞。

两个人各自从自己的利益和角度出发，似乎想得都有一些道理，但是似乎又都不尽合理。其实，这件事无所谓谁对谁错，怪就怪当初两个人合伙的时候没有把事情想好，没有一个协议，大家无所遵循。如果当初两个人不是拍着脑袋合伙、拍着胸脯做事，最后也不会拍着大腿后悔，闹得不欢而散。

这就是教训，亲兄弟明算账，先小人后君子。王峰又长了一回见识。后悔归后悔，这次合伙生意王峰毕竟还是赚了一点回头钱，算是把前两次投资的损失赚了回来，而且不但赚回了钱，也赚回了信心。

你别看他平时少言寡语，拙嘴笨舌，但是人比较实诚。虽然才刚到而立之年，但毕竟在生意场摸爬滚打十几年了，还是结识了一些生意场上的朋友，一旦走上了正轨，还真焕发了他的青春，生意一个接一个地被他谈成了，虽然这些生意都不是很大，但是不管它是虱子还是虮子，那毕竟都是肉啊。没有小苗哪有大树，没有涓滴哪有江河？

也许王峰和连发公司有缘分吧，自从来到连发，好事连连发生，那真叫连发。到连发不久，连发公司的朋友就给他介绍了一个对象，不久两个人就买了房子，于是就结婚、生子。结婚不久，两个人就买了现代伊兰特……

生意和生活都走上了正轨，偶尔，王峰还是会接到一些向他求救的电话：“王峰，我在五彩城里看见一个漂亮姑娘，多看了几眼，让人家给揍了一顿，能不能给我找几个哥们儿……”

“王峰，我刚买的宝马523不是，我们市场里一个家伙买了个凌志，硬说比我的宝马贵，我们俩一来二去吵起来了，这小子他妈的不讲究，把我揍了，给我找两个能打仗的哥们儿……”

每逢此时，王峰总是笑呵呵地说：“算了，没这样的哥们儿了，现在的哥们儿全是生意场上的，只会赚钱，不会打仗……”

这叫什么？这叫浪子回头，金都不换！

每一个人都有荒唐可笑的少年，每一个人都可能成就辉煌灿烂的事业。创业最需要不怕失败的勇气，每一次创业都是一次未知的赌博，胜败难料。屡战屡败必然一败涂地，屡败屡战一定东山再起。创业的勇气的确重要，但是智慧同样重要，二者不可偏废。

后记

也许，路边和街角那一棵一棵不起眼的小草并未引起你的注意，你也没有觉得她们有什么惊人的伟大之处。然而，当那一棵一棵不起眼的小草紧密地簇拥在一起，牢固地将草根深扎于脚下的泥土、汇聚成绿色海洋的时候，风儿掠过，那铺天盖地的绿色、那此起彼伏的波浪，一定会引起你的敬意，引起你的惊异，你会为这壮观、为这浩瀚、为这神奇而由衷地惊叹。

她们没有花香，她们没有树高，她们无名，她们渺小，但是她们的足迹却遍及天涯海角。无论多么恶劣的环境，小草都能以其顽强将根深扎于泥土之中，汲取一点一滴的营养，坚毅地生存。

在杳无人烟的茫茫荒漠，没有叮咚的泉水，没有绵绵细雨，然而，小草凭借着惊人的繁殖力在那里生根发芽，繁衍后代，在荒凉的戈壁滩开拓出一片鲜嫩的绿洲。于是这里出现了人迹，开起了炊烟，兴建了房舍，形成了村庄。

在喧嚣而繁闹的城市，有似网的街道，如河的车辆，还有飞扬的尘土，嘈杂的噪声。然而，小草却把她们的足迹撒向了街道的边边角角。那鲜嫩的茵茵小草如地毯一样铺在地面上，微风过后，小草迎风起舞，给我们的环境带来勃勃生机。

其实，每一位普通的创业者，靠双手打造自己事业的普通劳动者，他们都一如这些伟大而顽强的小草。

什么样的环境他们都能忍耐，他们都能适应，他们靠自己顽强的生命力支撑着自己家庭的生存，支撑着整个社会的运行。

没有土地，就不会有小草；同样，没有小草，泥土就会随波逐流。所以没有小草同样也没有泥土，没有大树，没有村庄，没有人类，没有一切。这就是小草的作用。

写到此，我想起了白居易的《赋得古原草送别》，今天在你即将合上此书的时候，让我们一起为顽强生存的草根一族唱一首人生的礼赞之歌：

离离原上草，一岁一枯荣，野火烧不尽，春风吹又生。远芳侵古道，晴翠接荒城……

古道也好，荒城也好，你想想，哪里少得了远芳和晴翠的身影呢？

杜忠明

2010年11月10日

于大连开发区书香园书城